Printed by Libri Plureos GmbH in Hamburg,
Germany

9 789369 081677

گاتا جائے بنجارہ

(فلمی نغمے)

ساحر لدھیانوی

© Sahir Ludhianvi

Gaata jaye Banjara *(Film Songs)*

by: Sahir Ludhianvi

Edition: March '2025
Publisher :
Taemeer Publications LLC (Michigan, USA / Hyderabad, India)

ISBN 978-93-6908-167-7
9 789369 081677

مصنف یا ناشر کی پیشگی اجازت کے بغیر اس کتاب کا کوئی بھی حصہ کسی بھی شکل میں بشمول ویب سائٹ پر اَپ لوڈنگ کے لیے استعمال نہ کیا جائے۔ نیز اس کتاب پر کسی بھی قسم کے تنازع کو نمٹانے کا اختیار صرف حیدر آباد (تلنگانہ) کی عدلیہ کو ہو گا۔

© ساحر لدھیانوی

کتاب	:	**گاتا جائے بنجارہ** (فلمی نغمے)
مصنف	:	**ساحر لدھیانوی**
صنف	:	شاعری
ناشر	:	تعمیر پبلی کیشنز (حیدرآباد، انڈیا)
سالِ اشاعت	:	۲۰۲۵ء
صفحات	:	۱۶۸
سرورق ڈیزائن	:	تعمیر ویب ڈیزائن

اُن تمام فن کاروں کے نام

جنہوں نے اِن نغموں کے لئے

اپنی آوازیں، اپنی دُھنیں، اور اپنے چہرے دیئے

ساحر

ساحر لدھیانوی

گاتا جائے بنجارا

(نغمے)

ترتیب

ابتدائیہ ۱۱
اشکوں میں جو پایا ہے ۱۵
دو شعر ۱۶
تدبیر سے بگڑی ہوئی ۱۶
تم نہ جانے کس جہاں میں ۱۷
جیون کے سفر میں راہی ۱۸
یہ بہاروں کا سماں ۱۹
انہیں کھو کر ۲۰
بول نہ بول اے جانے والے ۲۰
پگھلا ہے سونا ۲۱
عمر خیام ۲۲
جائیں تو جائیں کہاں ۲۴
غم کیوں ہو ۲۵
سرمئی رات ہے ۲۶
نظر سے دل میں سمانے والے ۲۷
میں نے چاند اور ستاروں کی ۲۸
زور لگا کے ۔ ہیّا ۳۰
اے دل زباں نہ کھول ۳۲
اب وہ کرم کریں کہ ستم ۳۳
ہر چیز زمانے کی ۳۴
جسے تو قبول کر لے ۳۵
آنکھ کھلتے ہی تم ۳۶
تم نے کتنے سپنے دیکھے ۳۷
آج سجن موہے انگ لگا لو ۳۸
جانے وہ کیسے لوگ تھے ۳۹

ساحر لدھیانوی ⁦ ⁩ گاتا جائے بنجارہ

۸

۶۸	نہ تو کارواں کی تلاش ہے	۳۲	راستے کے راہی
۷۱	آج کیوں ہم سے پردہ ہے	۳۴	ساتھی ہاتھ بڑھانا
۷۴	کون آیا کہ	۴۳	ہم آپ کی آنکھوں میں
۷۵	تو ہندو بنے گا نہ مسلمان	۴۴	موت کبھی بھی مل سکتی ہے
۷۷	میں نے شاید تمہیں	۴۵	جانے کیا تو نے کہی
۷۸	مایوس تو ہوں	۴۶	ان اجلے محلوں کے تلے
۷۹	زندگی بھر نہیں بھولے گی	۴۸	یہ محلوں، یہ تختوں
۸۱	بچھڑ تم تقدیر ہو	۵۰	دو بوندیں ساون کی
۸۳	ایک مکالمہ	۵۱	رات بھر کا ہے مہمان
۸۶	میں زندگی کا ساتھ	۵۲	عورت نے جنم دیا
۸۷	کبھی خود پہ کبھی حالات پہ	۵۴	وہ صبح کبھی تو آئے گی
۸۸	ابھی نجاد چھوڑ کر	۵۶	آسماں پہ ہے خدا
۸۹	جہاں میں ایسا کون ہے	۵۸	سانجھ کی لالی
۹۰	بھول سکتا ہے بھلا کون	۵۹	کشتی کا خاموش سفر
۹۱	آج کی رات مرادوں کی	۶۰	تو میرے پیار کا
۹۲	میں حب بھی اکیلی	۶۱	کہتے ہیں اسے پیسہ بچو!
۹۳	سلام حسرت قبول کر لو	۶۷	یہ دیس ہے ویر جوانوں کا

یہ زلف اگر کھل کے	۱۱۳	جو بات تجھ میں ہے	۹۴
محفل سے اُٹھ جانے والو	۱۱۴	پاؤں چھو لینے دو	۹۵
موت کتنی بھی سنگدل ہو	۱۱۵	جو وعدہ کیا	۹۶
بھولے سے محبت کر بیٹھا	۱۱۷	خدائے برتر!	۹۷
رات بھی ہے کچھ	۱۱۸	یہ وادیاں، یہ فضائیں	۹۹
سب میں شامل ہو	۱۱۹	غصے میں جو نکھرا ہے	۹۹
پربتوں کے پیڑوں پر	۱۲۰	مجھے گلے سے لگا لو	۱۰۱
تم اگر مجھ کو نہ چاہو	۱۲۱	جرم الفت پہ ہمیں	۱۰۲
تیرے بچپن کو	۱۲۳	یہ حسن مرا	۱۰۳
اب کوئی گلشن نہ اجڑے	۱۲۵	سنسار سے بھاگے	۱۰۴
برسو رام	۱۲۶	لاگا چُنری میں داغ	۱۰۵
یوں تو حسن ہر جگہ ہے	۱۲۷	تم چلی جاؤ گی	۱۰۶
وقت سے دن اور رات	۱۲۹	نغمہ و شعر کی سوغات	۱۰۷
تو امن در پن کہلائے	۱۳۰	رنگ اور نور کی	۱۰۸
کسی پتھر کی مورت سے	۱۳۱	یہ دنیا دو رنگی ہے	۱۰۹
میں نے دیکھا ہے کہ	۱۳۲	نیلے گگن کے تلے	۱۱۱
چھو لینے دو نازک ہونٹوں کو	۱۳۴	دو ر ہ کر نہ کر و بات	۱۱۲

دو ہے	۱۳۴	لے جتنی شراب	۱۵۱
میں نے پی شراب	۱۳۵	کیا ملئے ایسے لوگوں سے	۱۵۲
بانٹ کے کھاؤ	۱۳۶	حب بھی جی چاہے	۱۵۳
بنا سفارش ملے نوکری	۱۳۸	مرے دل میں آج	۱۵۴
اپنے اندر ذرا جھانک	۱۴۰	اپنی دنیا پہ صدیوں سے	۱۵۵
ملتی ہے زندگی میں	۱۴۲	کبے میں رہ ویا کاشی میں	۱۵۶
ہر طرح کے جذبات کا	۱۴۳	بچے، من کے سچے	۱۵۸
بابل کی دعائیں لیتی جا	۱۴۴	ہم ترقی کے رستے پہ	۱۶۰
تم اپنا رنج و غم	۱۴۵	الیشور اللہ، تیرے نام	۱۶۱
من رے	۱۴۶	ہم مزدوروں کے ساتھ ہیں	۱۶۲
پچھلی آگ سے	۱۴۷	دھرتی ماں کا مان	۱۶۴
ہر وقت نت نہے حسن کا	۱۴۹	پو نچھ کر ماتھک	۱۶۶
سنار کی ہر شے کا	۱۵۰	گنگا تیرا پانی امرت	۱۶۷

ابتدائیہ

زیر نظر مجموعہ فلم کے لئے لکھے گئے نغموں کا انتخاب ہے، اِس میں شک نہیں کہ اس مجموعے میں چند ایسے نغمے بھی شامل ہیں، جو ریڈیو یا گراموفون کے لئے لکھے گئے، مگر چونکہ ان کی تعداد برائے نام ہے، اس لئے میں اُن کے بارے میں بحث نہیں کروں گا، صرف فلمی نغمہ نگاری پر ہی رائے دوں گا۔

فلم ـــــــ ہمارے دَور کا سب سے مؤثر اور کارآمد حربہ ہے۔ جسے اگر تعمیری اور تبلیغی مقاصد کے لئے استعمال کیا جاتے، تو عوامی شعور کی نشو و نما اور سماجی ترقی کی رفتار بہت تیز کی جاسکتی ہے، بدقسمتی سے ہمارے ہاں ابھی تک فلم کے اس پہلو پر خاطر خواہ توجہ نہیں دی گئی، کیونکہ دیگر تہذیبی شعبوں کی طرح ہمارا یہ شعبہ بھی ابھی تک زیادہ تر ان لوگوں کے ہاتھوں میں ہے، جو ذاتی منافع کو سماجی خدمت پر ترجیح دیتے ہیں۔ اسی باعث ہماری فلمی کہانیوں، فلمی دُھنوں اور فلمی نغموں کا معیار عام طور پر بہت پست ہوتا ہے، اور یہی وجہ ہے کہ ادبی حلقے، فلمی ادب کو نفرت اور حقارت کی نظر سے دیکھتے رہے ہیں۔

میں اُن کے رویئے پر معترض نہیں ہوں، سچ پوچھا جائے، تو ان کے اکثر اعتراضات سے میں خود بھی متفق ہوں، مگر اُن کے کچھ اعتراضات ایسے بھی ہیں، جو یا تو اُن کے حد سے بڑھے ہوئے جوشِ اصلاح کی پیداوار ہیں، یا لاعلمی کی؛ اس قسم کی تنقید سے نہ تو قارئین اور سامعین کو کوئی فائدہ پہنچتا ہے، نہ نغمہ نگار کو۔

میرا تعلق چونکہ فلم اور ادب دونوں سے ہے، اس لئے زیرِ نظر مجموعہ پیش کرتے وقت میں اپنے ادبی دوستوں کی اطلاع کے لئے دو ایک باتیں عرض کرنا ضروری سمجھتا ہوں۔

فلمی نغمہ نگاروں کو وہ آزادی حاصل نہیں ہوتی، جو ایک ادبی شاعر کو حاصل ہوتی ہے، نغمہ نگار کو ہر حال میں ڈرامہ کے تابع رہنا پڑتا ہے، بالکل اسی طرح جیسے ایک مکالمہ نگار کو ایک ہی ڈرامے میں ناستِک اور بھگت، غُلام اور آقا، شریف اور بدمعاش، ہر قسم کے کرداروں کی نمائندگی کرنا پڑتی ہے۔ اسی طرح ایک نغمہ نگار کے لئے بھی یہ ضروری ہوتا ہے کہ وہ کرداروں کی مناسبت اور پلاٹ کی ضرورت کے لحاظ سے اعلیٰ اور ادنیٰ، فلسفیانہ اور رکیک، ہر نوع کے جذبات اور خیالات کو یکساں شدت کے ساتھ بیان کرے، تاکہ کرداروں کا باہمی تضاد ابھرے، اور ڈرامے کے مجموعی تاثر میں اضافہ ہو۔

یہ عمل ادبی شاعری سے مختلف بھی ہے اور مشکل بھی، لہٰذا تنقید نگار کے لئے ضروری ہے، کہ جب وہ فلم کے نغموں پر تنقید کرے، تو صرف یہ ہی نہ دیکھے، کہ وہ نغمہ کس شاعر نے لکھا ہے، بلکہ یہ بھی دیکھے، کہ وہ نغمہ کس کردار کے لئے لکھا گیا ہے، اس کے ساتھ ساتھ اسے یہ خیال بھی رکھنا چاہیئے، کہ فلمی گانے عام طور پر بنی بنائی طرزوں پر لکھے جاتے ہیں، ہمارے ہاں چونکہ ابھی تک

موسیقی کا "کاپی رائٹ" نہیں ہے، اس لئے فلمی موسیقی میں غیر ملکی دُھنوں کا بے دریغ استعمال کیا جاتا ہے، جس کا لازمی نتیجہ یہ ہوتا ہے کہ شاعر کو اکثر جگہ شاعری کی مروج بحروں سے انحراف کرنا پڑتا ہے اور بسا اوقات لفظی صحت کو بھول کر صوتی مناسبت پر اکتفا کرنا پڑتا ہے۔

لفظوں کے چناؤ میں بھی اُسے یہ خیال رکھنا پڑتا ہے، کہ ملک کے دُور دراز گوشوں میں بسنے والے عوام جن کی اکثریت غیر تعلیم یافتہ ہے اور جن کی زبان اُردو یا ہندی نہیں ہے، ان نغموں کے مفہوم کو سمجھ سکیں۔

ظاہر ہے، کہ اِن تمام پابندیوں کے ساتھ جو شعری ادب ظہور میں آئے گا، وہ اُن فنی بلندیوں کو نہیں چھو سکے گا، جو ادبِ عالیہ کا حصہ ہیں، پھر بھی اِس صنفِ سخن کی اہمیت اور افادیت کو نظر انداز نہیں کیا جا سکتا۔ اس کا اپنا ایک دائرہ ہے، جو کتب، رسائل، ریڈیو اور تھیٹر سب سے وسیع ہے اور اس کے ذریعے ہم اپنی بات کم سے کم مدت میں زیادہ سے زیادہ لوگوں تک پہنچا سکتے ہیں۔

میری ہمیشہ سے یہ کوشش رہی ہے، کہ جہاں تک ممکن ہو، فلمی نغموں کو تخلیقی شاعری کے قریب لاسکوں، اور اس صنف کے ذریعے جدید سماجی اور سیاسی نظریے عوام تک پہنچا سکوں۔ جہاں تک ان نغموں کی مقبولیت کا تعلق ہے ان میں سے اکثر نغموں کا شمار اپنے عہد کے مقبول ترین نغموں میں ہوتا ہے، مگر میرے نزدیک کسی فنی تخلیق کی مقبولیت ہی سب کچھ نہیں ہے، اگر اس مجموعے کو پڑھ کر آپ محسوس کریں کہ یہ نغمے آپ کی دل بستگی کا سامان فراہم کرنے کے ساتھ ساتھ آپ کے سیاسی، سماجی اور ادبی ذوق کی بھی تسکین کرتے ہیں، تو میں سمجھوں گا، کہ میری کوشش بے کار نہیں گئی۔

بمبئی ۲۳ مارچ ۱۹۷۴ء　　　　ساحر لدھیانوی

گاتا جائے بنجارہ

ساحر لدھیانوی

بستی بستی، پربت پربت گاتا جائے بنجارا

لے کر دل کا اِک تارا

ساحر

۱۵

اشکوں میں جو پایا ہے، وہ گیتوں میں دیا ہے
اس پر بھی سنا ہے کہ زمانے کو گلا ہے

جو تار سے نکلی ہے، وہ دُھن سب نے سُنی ہے
جو ساز پہ گذری ہے، وہ کس دل کو پتہ ہے

ہم پھول ہیں، اوروں کے لئے لائے ہیں خوشبو
اپنے لئے لے دے کے بس اک داغ ملا ہے

••

۱۶

دو شعر

کس کو خبر تھی، کس کو یقین تھا ایسے بھی دِن آئیں گے
جینا بھی مشکل ہوگا، اور مرنے بھی نہ پائیں گے
ہم جیسے برباد دِلوں کا جینا کیا، اور مرنا کیا
آج تِری محفل سے اُٹھے، کل دُنیا سے اُٹھ جائیں گے

○

تدبیر سے بگڑی ہوئی تقدیر بنا لے
اپنے پہ بھروسہ ہے تو یہ داؤ لگا لے
ڈرتا ہے زمانے کی نگاہوں سے بھلا کیوں
انصاف تِرے ساتھ ہے اِلزام اُٹھا لے
کیا خاک وہ جینا ہے جو اپنے ہی لئے ہو
خود مِٹ کے کسی اور کو مِٹنے سے بچا لے
ٹوٹے ہوئے پتوار ہیں کشتی کے تو غم کیا؟
ہاری ہوئی بانہوں کو ہی پتوار بنا لے

••

۱۷

تم نہ جانے کس جہاں میں کھو گئے
ہم بھری دُنیا میں تنہا ہو گئے
موت بھی آتی نہیں آس بھی جاتی نہیں
دِل کو یہ کیا ہو گیا کوئی شے بھاتی نہیں

ایک جاں اور لاکھ غم گُھٹ کے رہ جائے نہ دم
آؤ تم کو دیکھ لیں ڈوبتی نظروں سے ہم
تم نہ جانے کس جہاں میں کھو گئے
ہم بھری دُنیا میں تنہا ہو گئے

گاتا جائے بنجارہ
ساحر لدھیانوی

۱۸

جیون کے سفر میں راہی ملتے ہیں بچھڑ جانے کو
اور دے جاتے ہیں یادیں تنہائی میں تڑپانے کو
رو رو کے انہی راہوں میں کھونا پڑا اک اپنے کو
ہنس ہنس کے انہی راہوں میں اپنایا تھا بیگانے کو
اب سانجھ نہ گذریں گے ہم، لیکن یہ فضا وادی کی
دہراتی رہے گی برسوں بھولے ہوئے افسانے کو
تم اپنی نئی دنیا میں کھو جاؤ پرائے بن کر
جی پائے تو ہم جی لیں گے، مرنے کی سزا پانے کو

••

یہ بہاروں کا سماں، چاند تاروں کا سماں
کھو نہ جائے، آبھی جا

آسماں سے رنگ بن کر بہہ رہی ہے چاندنی
بے زبانی کی زباں سے کہہ رہی ہے چاندنی
جاگتی رُت ناگہاں، سو نہ جائے آبھی جا

رات کے ہمراہ ڈھلتی جا رہی ہے زندگی
شمع کی صورت پگھلتی جا رہی ہے زندگی
روشنی بجھ کر دھواں، ہو نہ جائے آبھی جا

آ ذرا ہنس کر نگاہوں میں نگاہیں ڈال دے
دیر کی ترسی ہوئی باہوں میں باہیں ڈال دے
حسرتوں کا کارواں، کھو نہ جائے آبھی جا

••

۳۰

○

اُنہیں کھو کر دُکھے دل کی دُعا سے اور کیا مانگوں
میں حیراں ہوں کہ آج اپنی وفا سے اور کیا مانگوں
گریباں چاک ہے، آنکھوں میں آنسو لب پہ آہیں ہیں
یہی کافی ہے، دُنیا کی ہوا سے اور کیا مانگوں
مری بربادیوں کی داستاں اُن تک پہنچ جائے
سوا اِس کے، محبت کے خدا سے اور کیا مانگوں

○

بول نہ بول اے جانے والے، سن تو لے دیوانوں کی
اب نہیں دیکھی جاتی ہم سے یہ حالت ارمانوں کی
حُسن کے کھِلتے پھول ہمیشہ بیدردوں کے ہاتھ بکے
اور چاہت کے متوالوں کو دھول ملی ویرانوں کی
دل کے نازک جذبوں پر بھی راج ہے سونے چاندی کا
یہ دُنیا کیا قیمت دے گی سادہ دل انسانوں کی

***

○

پگھلا ہے سونا دُور گگن پر، پھیل رہے ہیں شام کے سائے
خاموشی کچھ بول رہی ہے
بھید انوکھے کھول رہی ہے
پنکھ پکھیرو سوچ میں گم ہیں، پیڑ کھڑے ہیں سیس جھکائے
پگھلا ہے سونا دور گگن پر، پھیل رہے ہیں شام کے سائے
دھندلے دھندلے مست نظارے
اُڑتے بادل، مُڑتے دھارے
چھپ کے نظر سے جانے یہ کس نے رنگ رنگیلے کھیل رچائے
پگھلا ہے سونا دور گگن پر، پھیل رہے ہیں شام کے سائے
کوئی بھی اُس کا راز نہ جانے
ایک حقیقت لاکھ فسانے
ایک ہی جلوہ شام سویرے، بھیس بدل کر سامنے آئے
پگھلا ہے سونا دور گگن پر، پھیل رہے ہیں شام کے سائے

••

○

عمر خیام:

مقدّر کا لکھا مٹتا نہیں آنسو بہانے سے
یہ وہ ہونی ہے جو ہو کر رہے گی ہر بہانے سے
اگر جینے کی خواہش ہے تو مستوں کی طرح جی لے
کہ محفل ہوش کی سُونی پڑی ہے اِک زمانے سے

رقاصہ:

مچلتی اُمنگیں کہیں سو نہ جائیں
یہ صبحیں یہ شامیں یونہی کھو نہ جائیں
کوئی صبح لے لے کوئی شام لے لے
جوانی کے سر کوئی الزام لے لے

۲۳

عمر خیام:

یہ موسم، یہ ہوا، یہ رُت سہانی پھر نہ آئے گی
ارے او جینے والے زندگانی پھر نہ آئے گی
کوئی حسرت نہ رکھ دل میں یہ دُنیا چار دن کی ہے
جوانی موجِ دریا ہے، جوانی پھر نہ آئے گی

رقاصہ:

نگاہیں مِلا، اور اِک جام لے لے
جوانی کے سر کوئی الزام لے لے
گناہوں کے سائے میں پلتی ہے جنت
حسینوں کے ہمراہ چلتی ہے جنت
حسینوں کے پہلو میں آرام لے لے
جوانی کے سر کوئی الزام لے لے

••

۲۴

جائیں تو جائیں کہاں
سمجھے گا کون یہاں، درد بھرے دل کی زباں
جائیں تو جائیں کہاں
مایوسیوں کا مجمع ہے جی میں
کیا رہ گیا ہے اس زندگی میں
روح میں غم، دل میں دھواں
جائیں تو جائیں کہاں
اُن کا بھی غم ہے، اپنا بھی غم ہے
اب دِل کے بچنے کی اُمید کم ہے
اِک کشتی، سَو طوفاں
جائیں تو جائیں کہاں

گاتا جائے بنجارہ ساحر لدھیانوی

۲۵

غم کیوں ہو ؟

جینے والوں کو جیتے جی مرنے کا غم کیوں ہو؟
شوخ لبوں پہ آہیں کیوں ہوں آنکھوں میں نم کیوں ہو؟
آج اگر گلشن میں کلی کھلتی ہے تو کل مُرجھاتی ہے
پھر بھی کُھل کر ہنستی ہے اور ہنس کے چمن مہکاتی ہے
غم کیوں ہو ؟

کل کا دن کس نے دیکھا ہے، آج کا دن ہم کھوئیں کیوں
جن گھڑیوں میں ہنس سکتے ہیں اُن گھڑیوں میں روئیں کیوں
غم کیوں ہو؟

گائے جا مستی کے ترانے، ٹھنڈی آہیں بھرنا کیا ؟
موت آئی تو مر بھی لیں گے، موت سے پہلے مرنا کیا ؟
غم کیوں ہو ؟

••

۲۶

سُرمئی رات ہے ستارے ہیں
آج دونوں جہاں ہمارے ہیں
صبح کا انتظار کون کرے؟

پھر یہ رُت، یہ سماں ملے نہ ملے
آرزو کا چمن کھِلے نہ کھِلے
وقت کا اعتبار کون کرے؟

لے بھی لو ہم کو اپنی باہوں میں
روح بےچین ہے نگاہوں میں
اِلتجا بار بار کون کرے؟

۲۷

نظر سے دل میں سمانے والے، مری محبّت ترے لئے ہے
وفا کی دُنیا میں آنے والے، وفا کی دولت ترے لئے ہے
کھڑی ہوں میں تیرے راستے میں، جواں اُمیدوں کے پھول لے کر
مہکتی زلفوں، بہکتی نظروں کی گرم جنت ترے لئے ہے
سوا تری آرزو کے اِس دل میں کوئی بھی آرزو نہیں ہے
ہر ایک جذبہ، ہر ایک دھڑکن، ہر ایک حسرت ترے لئے ہے
مرے خیالوں کے نرم پردوں سے جھانک کر مسکرانے والے
ہزار خوابوں سے جو سجی ہے وہ اِک حقیقت ترے لئے ہے

••

۲۸

میں نے چاند اور ستاروں کی تمنّا کی تھی
مجھ کو راتوں کی سیاہی کے سوا کچھ نہ ملا

میں وہ نغمہ ہوں جسے پیار کی محفل نہ ملی
وہ مسافر ہوں جسے کوئی بھی منزل نہ ملی
زخم پائے ہیں، بہاروں کی تمنّا کی تھی
میں نے چاند اور ستاروں کی تمنّا کی تھی

کسی گیسو، کسی آنچل کا سہارا بھی نہیں
راستے میں کوئی دھندلا سا ستارا بھی نہیں
میری نظروں نے نظاروں کی تمنّا کی تھی
میں نے چاند اور ستاروں کی تمنّا کی تھی

دل میں ناکام اُمیدوں کے بسیرے پائے
روشنی لینے کو نکلا تو اندھیرے پائے
رنگ اور نور کے دھاروں کی تمنّا کی تھی
میں نے چاند اور ستاروں کی تمنّا کی تھی

(۲)

میں نے چاند اور ستاروں کی تمنّا کی تھی
مجھ کو راتوں کی سیاہی کے سوا کچھ نہ ملا
میری راہوں سے جُدا ہو گئیں راہیں اُن کی
آج بدلی نظر آتی ہیں نگاہیں اُن کی
جن سے اِس دل نے سہاروں کی تمنّا کی تھی
میں نے چاند اور ستاروں کی تمنّا کی تھی
پیار مانگا تو سسکتے ہوئے ارمان ملے
چین چاہا تو اُمڈتے ہوئے طوفان ملے
ڈوبتے دل نے کناروں کی تمنّا کی تھی
میں نے چاند اور ستاروں کی تمنّا کی تھی

••

۳۰

O

زور لگا کے ــــــ ہیّا
پیر جما کے ــــــ ہیّا
جان لڑا کے ــــــ ہیّا
آنگن میں بیٹھی ہے مچھیرن تیری آس لگائے
ارمانوں اور آشاؤں کے لاکھوں دیپ جلائے
بھولا بچپن رستہ دیکھے، ممتا خیر منائے
زور لگا کر کھینچ مچھیرے ڈھیل نہ آنے پائے
ہیّا ہیّا ــــــ
زور لگا کے ــــــ ہیّا
پیر جما کے ــــــ ہیّا
جان لڑا کے ــــــ ہیّا
جنم جنم سے اپنے سر پر طوفانوں کے سائے
لہریں اپنی ہمجولی ہیں اور بادل ہمسائے

۳۱

جل اور جال ہیں جیون اپنا، کیا سردی کیا گرمی
اپنی ہمت کبھی نہ ٹوٹے، رُت آئے رُت جائے

ہیّا ہیّا ـــــــ
زور لگا کے ـــــ ہیّا
پیر جما کے ـــــ ہیّا
جان لڑا کے ـــــ ہیّا

کیا جانے کب ساگر اُمڈے کب برکھا آجائے
بھوک سروں پر منڈلائے منہ کھولے پر پھیلائے
آج ملا، سو اپنی پونجی، کل کی ہاتھ پرائے
تنی ہوئی باہوں سے کہہ دو، لوچ نہ آنے پائے

ہیّا ہیّا ـــــــ
زور لگا کے ـــــ ہیّا
پیر جما کے ـــــ ہیّا
جان لڑا کے ـــــ ہیّا

••

۳۲

اے دل زباں نہ کھول صرف دیکھ لے
کسی سے کچھ نہ بول، صرف دیکھ لے
یہ حسیں جگمگاہٹیں آنچلوں کی سرسراہٹیں
یہ نشے میں جھومتی زمیں سب کے پاؤں چومتی زمیں
کس قدر ہے گول صرف دیکھ لے
اے دل زباں نہ کھول صرف دیکھ لے
کتنا سچ ہے کتنا جھوٹ ہے کتنا حق ہے کتنی لوٹ ہے
رکھ سبھی کی لاج کچھ نہ کہہ کیا ہے یہ سماج کچھ نہ کہہ
ڈھول کا یہ پول صرف دیکھ لے
اے دل زباں نہ کھول صرف، دیکھ لے
مان لے جہاں کی بات کو دن سمجھ لے کالی رات کو
چلنے دے یونہی یہ سلسلہ یہ نہ بول کس کو کیا ملا
ترازوؤں کا جھول، صرف دیکھ لے
اے دل زباں نہ کھول صرف دیکھ لے

••

گاتا جائے بنجارہ ساحر لدھیانوی

۳۳

اب وہ کرم کریں کہ ستم، میں نشے میں ہوں
مجھ کو نہ کوئی ہوش نہ غم، میں نشے میں ہوں
سینے سے بوجھ اُن کے غموں کا اُتار کے
آیا ہوں آج اپنی جوانی کو ہار کے
کہتے ہیں ڈگمگاتے قدم میں نشے میں ہوں

وہ بے وفا ہیں اب بھی یہ دل مانتا نہیں
کم بخت نا سمجھ ہے اُنہیں جانتا نہیں
میں آج توڑ دوں گا بھرم میں نشے میں ہوں

فرصت نہیں ہے رونے رُلانے کے واسطے
آئے نہ اُن کی یاد ستانے کے واسطے
اِس وقت دل کا درد ہے کم میں نشے میں ہوں

••

۳۴

○

ہر چیز زمانے کی جہاں پر تھی وہیں ہے
اِک تو ہی نہیں ہے
نظریں بھی وہی اور نظارے بھی وہی ہیں
خاموش فضاؤں کے اشارے بھی وہی ہیں
کہنے کو تو سب کچھ ہے، مگر کچھ بھی نہیں ہے
ہر اشک میں کھوئی ہوئی خوشیوں کی جھلک ہے
ہر سانس میں بیتی ہوئی گھڑیوں کی کسک ہے
تو چاہے کہیں بھی ہو، ترا درد یہیں ہے
حسرت نہیں، ارمان نہیں، آس نہیں ہے
یادوں کے سوا کچھ بھی مرے پاس نہیں ہے
یادیں بھی رہیں یا نہ رہیں کس کو یقیں ہے

••

۳۵

جسے تو قبول کر لے، وہ ادا کہاں سے لاؤں؟
ترے دل کو جو لبھا لے، وہ صدا کہاں سے لاؤں؟

میں وہ پھول ہوں کہ جس کو گیا ہر کوئی مسل کے
مری عمر بہہ گئی ہے مرے آنسوؤں میں ڈھل کے
جو بہار بن کے برسے وہ گھٹا کہاں سے لاؤں؟

تجھے اور کی تمنّا، مجھے تیری آرزو ہے
ترے دل میں غم ہی غم ہے مرے دل میں تو ہی تو ہے
جو دلوں کو چین دے دے وہ دوا کہاں سے لاؤں؟

مری بے بسی ہے ظاہر مری آہِ بے اثر سے
کبھی موت بھی جو مانگی تو نہ پائی اُس کے در سے
جو مُراد لے کے آئے، وہ دُعا کہاں سے لاؤں؟

••

٣٦

○

آنکھ کھلتے ہی تم چھپ گئے ہو کہاں
تم ابھی تھے یہاں
میرے پہلو میں تاروں نے دیکھا تمہیں
بھیگے بھیگے نظاروں نے دیکھا تمہیں
تم کو دیکھا کئے یہ زمیں آسماں
تم ابھی تھے یہاں
ابھی سانسوں کی خوشبو ہواؤں میں ہے
ابھی قدموں کی آہٹ فضاؤں میں ہے
ابھی شاخوں میں ہیں اُنگلیوں کے نشاں
تم ابھی تھے یہاں
تم جدا ہو کے بھی میری راہوں میں ہو
گرم اشکوں میں ہو سرد آہوں میں ہو
چاندنی میں جھلکتی ہیں پرچھائیاں
تم ابھی تھے یہاں
••

گاتا جائے بنجارہ ساحر لدھیانوی

۳۷

○

تم نے کتنے سپنے دیکھے، میں نے کتنے گیت بُنے
اِس دُنیا کے شور میں لیکن دل کی دھڑکن کون سُنے

سرگم کی آواز پہ سر کو دُھننے والے لاکھوں پائے
نغموں کی کھلتی کلیوں کو چُننے والے لاکھوں پائے
راکھ ہوا دل جن میں جل کر وہ انگارے کون چُنے
تم نے کتنے سپنے دیکھے میں نے کتنے گیت بُنے

ارمانوں کے سونے گھر میں ہر آہٹ بیگانی نکلی
دل نے جب نزدیک سے دیکھا ہر صورت انجانی نکلی
بوجھل گھڑیاں گِنتے گنتے صدمے ہو گئے لاکھ گُنے
تم نے کتنے سپنے دیکھے، میں نے کتنے گیت بُنے

••

۳۸

آج سجن موہے انگ لگا لو جنم سپھل ہو جائے
ہردے کی پیڑا دیہہ کی اگنی، سب شیتل ہو جائے
کِئے لاکھ جتن، مورے من کی تپن، مورے تن کی جلن نہیں جائے
کیسی لاگی یہ لگن، کیسی جاگی یہ اگن، جیا دھیر دھرن نہیں پائے
پریم سُدھا اتنی برسا دو جگ جل تھل ہو جائے
آج سجن موہے انگ لگا لو جنم سپھل ہو جائے
کئی جُگوں سے ہیں جاگے، مورے نین ابھاگے، کہیں جیا نہیں لاگے بن تورے
سُکھ دیکھے ناہیں آگے، دُکھ پیچھے پیچھے بھاگے، جگ سُونا سُونا لاگے بن تورے
پریم سُدھا اتنی برسا دو جگ جل تھل ہو جائے
آج سجن موہے انگ لگا لو جنم سپھل ہو جائے
موہے اپنا بنا لو موری بانہہ پکڑ، میں ہوں جنم جنم کی داسی
موری پیاس بجھا دو منہر گردھر، میں ہوں انتر گھٹ تک پیاسی
پریم سدھا اتنی برسا دو، جگ جل تھل ہو جائے
آج سجن موہے انگ لگا لو، جنم سپھل ہو جائے

●●

٣٩

جانے وہ کیسے لوگ تھے جن کے پیار کو پیار ملا
ہم نے تو جب کلیاں مانگیں، کانٹوں کا ہار ملا

خوشیوں کی منزل ڈھونڈی تو غم کی گرد ملی
چاہت کے نغمے چاہے تو آہِ سرد ملی
دل کے بوجھ کو دُونا کر گیا جو غم خوار ملا

بچھڑ گیا ہر ساتھی دے کر پل دو پل کا ساتھ
کس کو فرصت ہے جو تھامے دیوانوں کا ہاتھ
ہم کو اپنا سایہ تک اکثر بیزار ملا

اس کو ہی جینا کہتے ہیں تو یوں ہی جی لیں گے
اُف نہ کریں گے، لب سی لیں گے، آنسو پی لیں گے
غم سے اب گھبرانا کیسا، غم سو بار ملا

••

گاتا جائے بنجارہ
ساحر لدھیانوی

۴۰

رات کے راہی تھک مت جانا، صبح کی منزل دُور نہیں
دھرتی کے پھیلے آنگن میں پل دو پل ہے رات کا ڈیرا
ظلم کا سینہ چیر کے دیکھو جھانک رہا ہے نیا سویرا
ڈھلتا دن مجبور سہی، چڑھتا سورج مجبور نہیں
صدیوں تک چُپ رہنے والے اب اپنا حق لے کے رہیں گے
جو کرنا ہے کُھل کے کریں گے جو کہنا ہے صاف کہیں گے
جیتے جی گُھٹ گُھٹ کر مرنا اس یُگ کا دستور نہیں
ٹوٹیں گی بوجھل زنجیریں، جاگیں گی سوئی تقدیریں
لُوٹ پہ کب تک پہرا دیں گی زنگ لگی خونیں شمشیریں
رہ نہیں سکتا اِس دُنیا میں جو سب کو منظور نہیں

••

ساحر لدھیانوی

۴۱

○

ساتھی ہاتھ بڑھانا
ایک اکیلا تھک جائے گا، مل کر بوجھ اُٹھانا
ـــــــ ساتھی ہاتھ بڑھانا

ہم محنت والوں نے جب بھی مل کر قدم بڑھایا
ساگر نے رستہ چھوڑا پربت نے سیس جُھکایا
فولادی ہیں سینے اپنے فولادی ہیں بانہیں
ہم چاہیں تو پیدا کر دیں چٹّانوں میں راہیں
ـــــــ ساتھی ہاتھ بڑھانا

محنت اپنے لیکھ کی ریکھا، محنت سے کیا ڈرنا
کل غیروں کی خاطر کی آج اپنی خاطر کرنا
اپنا دُکھ بھی ایک ہے ساتھی، اپنا سُکھ بھی ایک
اپنی منزل، سچ کی منزل، اپنا رستہ نیک
ـــــــ ساتھی ہاتھ بڑھانا

۴۲

ایک سے ایک ملے تو قطرہ بن جاتا ہے دریا
ایک سے ایک ملے تو ذرّہ بن جاتا ہے صحرا
ایک سے ایک ملے تو رائی بن سکتی ہے پربت
ایک سے ایک ملے تو انساں بس میں کر لے قسمت
——— ساتھی ہاتھ بڑھانا

ماٹی سے ہم لعل نکالیں موتی لائیں جل سے
جو کچھ اس دُنیا میں بنا ہے بنا ہمارے بل سے
کب تک محنت کے پیروں میں دولت کی زنجیریں
ہاتھ بڑھا کر چھین لو اپنے خوابوں کی تعبیریں
——— ساتھی ہاتھ بڑھانا

••

دوگانا:

ا۔ ہم آپ کی آنکھوں میں اِس دل کو بسا دیں تو؟
ب۔ ہم موند کے پلکوں کو اِس دل کو سزا دیں تو؟

ا۔ اِن زلفوں میں گوندھیں گے ہم پھول محبّت کے
ب۔ زلفوں کو جھٹک کر ہم یہ پھول گرا دیں تو؟

ا۔ ہم آپ کو خوابوں میں لا لا کے ستائیں گے
ب۔ ہم آپ کی آنکھوں سے نیندیں ہی اُڑا دیں تو؟

ا۔ ہم آپ کے قدموں پر گر جائیں گے غش کھا کر
ب۔ اس پر بھی نہ ہم اپنے آنچل کی ہوا دیں تو؟

••

۴۴

○

موت کبھی بھی مل سکتی ہے، لیکن جیون کل نہ ملے گا
مرنے والے سوچ سمجھ لے پھر تجھ کو یہ پل نہ ملے گا
کون سا ایسا دل ہے جہاں میں جس کو غم کا روگ نہیں
کون سا ایسا گھر ہے جس میں سکھ ہی سکھ ہے سوگ نہیں
جو حل دنیا بھر کو ملا ہے، کیوں تجھ کو وہ حل نہ ملے گا
مرنے والے سوچ سمجھ لے پھر تجھ کو یہ پل نہ ملے گا
اس جیون میں کتنے ہی دکھ ہوں لیکن سکھ کی آس تو ہے
دل میں کوئی ارماں تو بسا ہے، آنکھ میں کوئی پیاس تو ہے
جیون نے یہ پھل تو دیا ہے، موت سے یہ بھی پھل نہ ملے گا
مرنے والے سوچ سمجھ لے، پھر تجھ کو یہ پل نہ ملے گا

••

۴۵

جانے کیا تو نے کہی
جانے کیا میں نے سُنی
بات کچھ بن ہی گئی

سنسناہٹ سی ہوئی
تھرتھراہٹ سی ہوئی
جاگ اُٹھے خواب کئی
بات کچھ بن ہی گئی

نین جُھک جُھک کے اُٹھے
پاؤں رُک رُک کے اُٹھے
آ گئی چال نئی
بات کچھ بن ہی گئی

زلف شانے پہ مُڑی
ایک خوشبو سی اُڑی
کُھل گئے راز کئی
بات کچھ بن ہی گئی

••

۴۶

ان اُجلے محلوں کے تلے
ہم گندی گلیوں میں پلے

سو سو بوجھے من پہ لئے
میل اور ماٹی تن پہ لئے
دُکھ سہتے، غم کھاتے رہے
پھر بھی ہنستے گاتے رہے

ہم دیپک، طوفاں میں جلے
ہم گندی گلیوں میں پلے

دُنیا نے ٹھکرایا ہمیں
رستوں نے اپنایا ہمیں

۴۷

سڑکیں ماں، سڑکیں ہی پتا
سڑکیں گھر، سڑکیں ہی چِتا
کیوں آئے، کیا کر کے چلے
ہم گندی گلیوں میں پلے
دل میں کھٹکا کچھ بھی نہیں
ہم کو پروا کچھ بھی نہیں
چاہو تو ناکارہ کہو
چاہو تو آوارہ کہو
ہم ہی بُرے، تم سب ہو بھلے
ہم گندی گلیوں میں پلے

••

۴۸

○

یہ محلوں، یہ تختوں، یہ تاجوں کی دُنیا
یہ انساں کے دُشمن، سماجوں کی دُنیا
یہ دولت کے بھوکے رواجوں کی دُنیا
یہ دُنیا اگر مل بھی جائے تو کیا ہے؟

ہر اِک جسم گھائل، ہر اِک روح پیاسی
نگاہوں میں اُلجھن، دلوں میں اداسی
یہ دُنیا ہے یا عالمِ بدحواسی
یہ دُنیا اگر مل بھی جائے تو کیا ہے؟

یہاں اِک کھلونا ہے انساں کی ہستی
یہ بستی ہے مُردہ پرستوں کی بستی
یہاں پر تو جیون سے ہے موت سستی
یہ دُنیا اگر مل بھی جائے تو کیا ہے؟

۴۹

جوانی بھٹکتی ہے بدکار بن کر
جواں جسم سجتے ہیں بازار بن کر
یہاں پیار ہوتا ہے بیوپار بن کر
یہ دُنیا اگر مل بھی جائے تو کیا ہے ؟

یہ دُنیا، جہاں آدمی کچھ نہیں ہے
وفا کچھ نہیں دوستی کچھ نہیں ہے
جہاں پیار کی قدر ہی کچھ نہیں ہے
یہ دُنیا اگر مل بھی جائے تو کیا ہے ؟

جلا دو اِسے پھونک ڈالو یہ دُنیا
مرے سامنے سے ہٹا لو یہ دُنیا
تمہاری ہے تم ہی سنبھالو یہ دُنیا
یہ دُنیا اگر مل بھی جائے تو کیا ہے ؟

••

۵۰

○

دو بوندیں ساون کی ـــــ

اِک ساگر کی سیپ میں ٹپکے اور موتی بن جائے

دوجی گندے جل میں گر کر اپنا آپ گنوائے

کس کو مجرم سمجھے کوئی ، کس کو دوش لگائے

دو بوندیں ساون کی

دو کلیاں گلشن کی ـــــ

اِک سہرے کے بیچ گندھے اور من ہی من اِترائے

اِک ارتھی کی بھینٹ چڑھے اور دھولی میں مل جائے

کِس کو مجرم سمجھے کوئی، کس کو دوش لگائے

دو کلیاں گلشن کی

دو سکھیاں بچپن کی ـــــ

اِک سنگھاسن پر بیٹھے، اور روپ متی کہلائے

دُوجی اپنے روپ کے کارن، گلیوں میں بک جائے

کِس کو مجرم سمجھے کوئی ، کِس کو دوش لگائے

دو سکھیاں بچپن کی

رات بھر کا ہے مہماں اندھیرا
کس کے روکے رُکا ہے سویرا

رات جتنی بھی سنگین ہو گی
صبح اُتنی ہی رنگین ہو گی
غم نہ کر گر ہے بادل گھنیرا
کس کے روکے رُکا ہے سویرا

لب پہ شکوہ نہ لا، اشک پی لے
جس طرح بھی ہو کچھ دیر جی لے
اب اُکھڑنے کو ہے غم کا ڈیرا
کس کے روکے رُکا ہے سویرا

یوں ہی دُنیا میں آ کر نہ جانا
صرف آنسو بہا کر نہ جانا
مسکراہٹ پہ بھی حق ہے تیرا
کس کے روکے رُکا ہے سویرا

عورت نے جنم دیا مردوں کو، مردوں نے اُسے بازار دیا
جب جی چاہا مسلا کچلا، جب جی چاہا دھتکار دیا

تُلتی ہے کہیں دیناروں میں، بِکتی ہے کہیں بازاروں میں
ننگی نچوائی جاتی ہے، عیّاشوں کے درباروں میں
یہ وہ بے عزت چیز ہے جو بٹ جاتی ہے عزت داروں میں
عورت نے جنم دیا مردوں کو، مردوں نے اُسے بازار دیا

مردوں کے لئے ہر ظلم روا، عورت کے لئے رونا بھی خطا
مردوں کے لئے لاکھوں سیجیں، عورت کے لئے بس ایک چِتا
مردوں کے لئے ہر عیش کا حق، عورت کے لئے جینا بھی سزا
عورت نے جنم دیا مردوں کو، مردوں نے اُسے بازار دیا

جن سینوں نے ان کو دودھ دیا، اُن سینوں کا بیوپار کیا
جس کوکھ میں اِن کا جسم ڈھلا، اُس کوکھ کا کاروبار کیا
جس تن سے اُگے کونپل بن کر، اُس تن کو ذلیل و خوار کیا
عورت نے جنم دیا مردوں کو، مردوں نے اُسے بازار دیا

۵۳

مردوں نے بنائیں جو رسمیں اُن کو حق کا فرمان کہا
عورت کے زندہ جلنے کو، قربانی اور بلیدان کہا
عصمت کے بدلے روٹی دی اور اُس کو بھی احسان کہا
عورت نے جنم دیا مردوں کو، مردوں نے اُسے بازار دیا

سنسار کی ہر اِک بے شرمی، غربت کی گود میں پلتی ہے
چکلوں ہی میں آ کر رُکتی ہے، فاقوں سے جو راہ نکلتی ہے
مردوں کی ہوس ہے جو اکثر، عورت کے پاپ میں ڈھلتی ہے
عورت نے جنم دیا مردوں کو، مردوں نے اُسے بازار دیا

عورت سنسار کی قسمت ہے، پھر بھی تقدیر کی ہیٹی ہے
اوتار پیمبر جنتی ہے، پھر بھی شیطان کی بیٹی ہے
یہ وہ بدقسمت ماں ہے جو بیٹوں کی سیج پہ لیٹی ہے
عورت نے جنم دیا مردوں کو، مردوں نے اُسے بازار دیا

--

وہ صبح کبھی تو آئے گی

اِن کالی صدیوں کے سر سے، جب رات کا آنچل ڈھلکے گا
جب دُکھ کے بادل پگھلیں گے، جب سُکھ کا ساگر چھلکے گا
جب امبر جھوم کے ناچے گا، جب دھرتی نغمے گائے گی
وہ صبح کبھی تو آئے گی

جس صبح کی خاطر جُگ جُگ سے، ہم سب مر مر کر جیتے ہیں
جس صبح کے امرت کی دُھن میں ہم زہر کے پیالے پیتے ہیں
اِن بھوکی پیاسی روحوں پر اِک دن تو کرم فرمائے گی
وہ صبح کبھی تو آئے گی

مانا کہ ابھی تیرے میرے ارمانوں کی قیمت کچھ بھی نہیں
مٹی کا بھی ہے کچھ مول مگر انسانوں کی قیمت کچھ بھی نہیں
انسانوں کی عزت جب جھوٹے سکوں میں نہ تولی جائے گی
وہ صبح کبھی تو آئے گی

۵۵

دولت کے لئے جب عورت کی عصمت کو نہ بیچا جائے گا
چاہت کو نہ کچلا جائے گا، غیرت کو نہ بیچا جائے گا
اپنے کالے کرتوتوں پر جب یہ دُنیا شرمائے گی
وہ صبح کبھی تو آئے گی

بیتیں گے کبھی تو دن آخر یہ بھوک کے اور بیکاری کے
ٹوٹیں گے کبھی تو بُت آخر دولت کی اجارہ داری کے
جب ایک انوکھی دُنیا کی بنیاد اُٹھائی جائے گی
وہ صبح کبھی تو آئے گی

مجبور بڑھاپا جب سُونی راہوں کی دُھول نہ پھانکے گا
معصوم لڑکپن جب گندی گلیوں میں بھیک نہ مانگے گا
حق مانگنے والوں کو جس دن سُولی نہ دکھائی جائے گی
وہ صبح کبھی تو آئے گی

فاقوں کی چتاؤں پر جس دن انساں نہ جلائے جائیں گے
سینوں کے دہکتے دوزخ میں ارماں نہ جلائے جائیں گے
یہ نرک سے بھی گندی دنیا، جب سورگ بنائی جائے گی
وہ صبح کبھی تو آئے گی

(۳)

وہ صبح ہمیں سے آئے گی ______

جب دھرتی کروٹ بدلے گی، جب قید سے قیدی چھوٹیں گے
جب پاپ گھروندے پھوٹیں گے، جب ظلم کے بندھن ٹوٹیں گے
اُس صبح کو ہم ہی لائیں گے، وہ صبح ہمیں سے آئے گی
وہ صبح ہمیں سے آئے گی

منحوس سماجی ڈھانچوں میں جب ظلم نہ پالے جائیں گے
جب ہاتھ نہ کاٹے جائیں گے، جب سر نہ اُچھالے جائیں گے
جیلوں کے بنا جب دنیا کی سرکار چلائی جائے گی
وہ صبح ہمیں سے آئے گی

سنسار کے سارے محنت کش کھیتوں سے مِلوں سے نکلیں گے
بے گھر، بے در، بے بس انساں تاریک بلوں سے نکلیں گے
دُنیا امن اور خوشحالی کے پھولوں سے سجائی جائے گی
وہ صبح ہمیں سے آئے گی

••

گاتا جائے بنجارہ ساحر لدھیانوی

۵۷

○

آسماں پہ ہے خدا اور زمیں پہ ہم
آجکل وہ اس طرف دیکھتا ہے کم
آجکل کسی کو وہ ٹوکتا نہیں
چاہے کچھ بھی کیجئے روکتا نہیں
ہو رہی ہے لوٹ مار پھٹ رہے ہیں بم
آسماں پہ ہے خدا اور زمیں پہ ہم
کس کو بھیجے وہ یہاں خاک چھاننے
اس تمام بھیڑ کا حال جاننے
آدمی ہیں بے شمار دیوتا ہیں کم
آسماں پہ ہے خدا اور زمیں پہ ہم
اتنی دور سے اگر دیکھتا بھی ہو
تیرے میرے واسطے کیا کرے گا وہ
زندگی ہے اپنے اپنے بازوؤں کا دم
آسماں پہ ہے خدا اور زمیں پہ ہم

••

۵۸

سانجھ کی لالی سُلگ سُلگ کر بن گئی کالی دھول
آئے نہ بالم بیدردی، میں چُنتی رہ گئی پھول

رین بھئی، بوجھل اکھین میں چُبھنے لاگے تارے
دیس میں میں پردیسن ہوگئی، جب سے پیا سدھارے

پچھلے پہر جب اوس پڑی اور ٹھنڈی پون چلی
ہر کروٹ انگارے بچھ گئے، سونی سیج جلی

دیپ بجھے، سناٹا ٹوٹا، باجا بھور کا سنکھ
بیرن پَوَن اُڑا کر لے گئی، پروانوں کے پنکھ

••

۵۹

دوگانا:

ا۔ کشتی کا خاموش سفر ہے، شام بھی ہے تنہائی بھی
دُور کنارے پر بجتی ہے، لہروں کی شہنائی بھی
آج مجھے کچھ کہنا ہے!

ب۔ لیکن یہ شرمیلی نگاہیں، مجھ کو اجازت دیں تو کہوں
خود میری بے تاب اُمنگیں تھوڑی فرصت دیں تو کہوں
آج مجھے کچھ کہنا ہے!

ا۔ جو کچھ تم کو کہنا ہے، وہ میرے ہی دل کی بات نہ ہو
جو ہے مرے خوابوں کی منزل اُس منزل کی بات نہ ہو
کہہ بھی دو، جو کہنا ہے!

ا۔ کہتے ہوتے ڈر سا لگتا ہے، کہہ کر بات نہ کھو بیٹھوں
یہ جو ذرا سا ساتھ ملا ہے، یہ بھی ساتھ نہ کھو بیٹھوں
آج مجھے کچھ کہنا ہے!

ب۔ کب سے تمہارے رستے میں میں پھول بچھائے بیٹھی ہوں
کہہ بھی چکو جو کہنا ہے، میں آس لگائے بیٹھی ہوں
کہہ بھی دو، جو کہنا ہے!

۶۰

دل نے دل کی بات سمجھ لی، اب منہ سے کیا کہنا ہے
آج نہیں تو کل کہہ لیں گے اب تو ساتھ ہی رہنا ہے
کہہ بھی دو، جو کہنا ہے!
چھوڑو، اب کیا کہنا ہے!!

••

○

تو مرے پیار کا پھول ہے، کہ مری بھول ہے، کچھ کہہ نہیں سکتی
پر کسی کا کیا تو بھرے یہ سہہ نہیں سکتی
میری بدنامی تیرے ساتھ پلے گی
سُن سُن طعنے میری کوکھ جلے گی
کانٹوں بھرے ہیں سب راستے، تیرے واسطے جیون کی ڈگر میں
کون بنے گا تیرا آسرا بیدرد نگر میں
پوچھے گا کوئی تو کسے باپ کہے گا
جگ تجھے پھینکا ہوا پاپ کہے گا
بن کے رہے گی شرمندگی، تیری زندگی، جب تک تو جیئے گا
آج پلاؤں تجھے دودھ میں، کل زہر پیے گا

••

ایک تمثیل

(پردہ اُٹھنے پر ایک بہت بڑے سائز کا پیسہ سٹیج کی پچھلی دیوار پر چسپاں نظر آتا ہے)

(اناؤنسر: کہتے ہیں اِسے پیسہ بچّو! یہ چیز بڑی معمولی ہے
لیکن اس پیسے کے پیچھے سب دُنیا رستہ بھولی ہے
انساں کی بنائی چیز ہے یہ، لیکن انسان پہ بھاری ہے
ہلکی سی جھلک اُس پیسے کی، دھرم اور ایمان پہ بھاری ہے
یہ جھوٹ کو سچ کر دیتا ہے، اور سچ کو جھوٹ بناتا ہے
بھگوان نہیں پر ہر گھر میں بھگوان کی پدوی پاتا ہے

اِس پیسے کے بدلے دُنیا میں انسانوں کی محنت بِکتی ہے
جسموں کی حرارت بکتی ہے، روحوں کی شرافت بکتی ہے
سردار خریدے جاتے ہیں، دلدار خریدے جاتے ہیں
مٹّی کے سہی پر اس سے ہی اوتار خریدے جاتے ہیں

۶۲

اس پیسے کی خاطر دُنیا میں آباد وطن بٹ جاتے ہیں
دھرتی ٹکڑے ہو جاتی ہے، لاشوں کے کفن بٹ جاتے ہیں
عزت بھی اس سے ملتی ہے تعظیم بھی اِس سے ملتی ہے
تہذیب بھی اس سے آتی ہے تعلیم بھی اِس سے ملتی ہے
کہتے ہیں اِسے پیسہ بچّو!

ہم آج تمہیں اس پیسے کا سارا اِتہاس بتاتے ہیں
جتنے یُگ اب تک گذرے ہیں اُن سب کی جھلک دِکھلاتے ہیں

اک ایسا وقت بھی تھا جگ میں جب اس پیسے کا نام نہ تھا
چیزیں چیزوں سے تُلتی تھیں چیزوں کا کچھ بھی دام نہ تھا
انسان فقط انسان تھا تب انسان کا مذہب کچھ بھی نہ تھا
دولت، غربت، عزت، ذِلت اِن لفظوں کا مطلب کچھ بھی نہ تھا

(کچھ لوگ جنگلی لباس میں سٹیج پر نمودار ہوتے ہیں اور اجناس کا تبادلہ کرتے ہیں)

۶۳

اناؤنسر: چیزوں سے چیز بدلنے کا یہ ڈھنگ بہت بیکار سا تھا
لانا بھی کٹھن تھا چیزوں کا، لے جانا بھی دشوار سا تھا

انسانوں نے تب مل کر سوچا، کیوں وقت اپنا برباد کریں
ہر چیز کی جو قیمت ٹھہرے، وہ چیز نہ کیوں ایجاد کریں
اس طرح ہماری دنیا میں، پہلا پیسہ تیار ہوا
اور اس پیسے کی حسرت میں، انسان ذلیل و خوار ہوا

(جاگیرداری کا زمانہ۔ ایک راجہ اپنے وزیروں اور درباریوں کے درمیان بیٹھا ہوا دکھائی دیتا ہے، دربار میں، شاعر، گویّے، پنڈت، اور مولوی بھی موجود ہیں۔ راگ درباری کا الاپ اور رقص)

اناؤنسر: پیسے والے اس دنیا میں جاگیروں کے مالک بن بیٹھے
مزدوروں اور کسانوں کی تقدیروں کے مالک بن بیٹھے
جاگیروں پہ قبضہ رکھنے کو، قانون بنے ہتھیار بنے
ہتھیاروں کے بل پر دھن والے، اس دھرتی کے سردار بنے

٦٤

جنگوں میں لڑایا بھوکوں کو، اور اپنے سر پر تاج رکھا
نِردھن کو دیا پرلوک کا سُکھ، اپنے لئے جگ کا راج رکھا
پنڈت اور مُلاّ اُن کے لئے مذہب کے صحیفے لاتے رہے
شاعر تعریفیں لکھتے رہے، گایک درباری گاتے رہے

(کسان مرد اور عورتیں، کاندھے پر ہل اور کدال لئے داخل ہوتے ہیں
اور راجہ کو جُھک کر سلام کرتے ہیں)

کورس :

مرد اور عورتیں : ویسا ہی کریں گے ہم، جیسا تمہیں چاہیئے
پیسہ ہمیں چاہیئے
ہل ترے جوتیں گے، کھیت ترے بوئیں گے
ڈھور ترے ہانکیں گے، بوجھ ترا ڈھوئیں گے
پیسہ ہمیں چاہیئے

بچے : پیسہ ہمیں دے دے راجہ، گُن ترے گائیں گے
تیرے بچّے بچیوں کی، خیر منائیں گے
پیسہ ہمیں چاہیئے

(کچھ بچوں کو بھیک مل جاتی ہے، باقیوں کو مایوس لوٹنا پڑتا ہے۔!)

(منظر تبدیل ہوتا ہے اور سٹیج پر مشینی دور کی جھلکیاں نظر آتی ہیں ——
شہر، ملیں، کارخانے اور سرمایہ دار)

اناؤنسر: لوگوں کی اَن تھک محنت نے چمکایا رُوپ زمینوں کا
بھاپ اور بجلی ہمراہ لئے، آپہنچا دَور مشینوں کا
علم اور وگیان کی طاقت نے منہ موڑ دیا دریاؤں کا
انسان جو خاک کا پُتلا تھا، وہ حاکم بنا ہواؤں کا
جنتا کی محنت کے آگے قدرت نے خزانے کھول دیے
رازوں کی طرح رکھا تھا جنہیں، وہ سارے زمانے کھول دیے

لیکن اِن سب ایجادوں پر پیسے کا اجارا ہوتا رہا
دولت کا نصیبہ چمک اُٹھا، محنت کا مقدّر سوتا رہا

(کچھ مرد، عورتیں اور بچے مشینی دور کے اوزار لے کر سرمایہ دار کے سامنے آتے ہیں)

کورس:

مرد اور عورتیں: ویسا ہی کریں گے ہم، جیسا تمہیں چاہیئے
پیسہ ہمیں چاہیئے

ریلیں بھی بچھائیں گے، ملیں بھی چلائیں گے
جنگوں میں بھی جائیں گے، جانیں بھی گنوائیں گے

پیسہ ہمیں چاہیئے

بچّے: پیسہ ہمیں دے دے بابو، گُن ترے گائیں گے
ترے بچّے بچیوں کی، خیر منائیں گے

پیسہ ہمیں چاہیئے

(کچھ بچّوں کو بھیک مل جاتی ہے۔ باقیوں کو مایوس لوٹنا پڑتا ہے۔!)

اناؤنسر: جُگ جُگ سے یوں ہی اس دُنیا میں ہم دان کے ٹکڑے مانگتے ہیں
ہل جوت کے، فصلیں کاٹ کے بھی پکوان کے ٹکڑے مانگتے ہیں
لیکن اِن بھیک کے ٹکڑوں سے کب بھوک کا سنکٹ دور ہوا؟
انسان سدا دُکھ جھیلے گا، گر ختم نہ یہ دستور ہوا
زنجیر بنی ہے قدموں کی، وہ چیز جو پہلے گہنا تھی
بھارت کے سپوتو! آج تمہیں بس اتنی بات ہی کہنا تھی
جس وقت بڑے ہو جاؤ تم، پیسے کا راج مٹا دینا!
اپنا اور اپنے جیسوں کا جُگ جُگ کا قرض چکا دینا!

••

یہ دیش ہے ویر جوانوں کا　　　البیلوں کا، مستانوں کا
اس دیش کا یارو کیا کہنا　　　یہ دیش ہے دُنیا کا گہنا

پیڑوں پہ بہاریں جھولوں کی　　　راہوں میں قطاریں پھولوں کی
یہاں ہنستا ہے ساون بالوں میں　　　کھلتی ہیں کلیاں گالوں میں

یہاں چوڑی چھاتی ویروں کی　　　یہاں بھولی شکلیں ہیروں کی
یہاں گاتے ہیں رانجھے مستی میں　　　مچتی ہیں دھومیں بستی میں

کہیں دنگل شوخ جوانوں کے　　　کہیں کرتب تیر کمانوں کے
یہاں نت نت میلے سجتے ہیں　　　نت ڈھول اور تاشے بجتے ہیں

دلبر کے لئے دل دار ہیں ہم　　　دشمن کے لئے تلوار ہیں ہم
میداں میں اگر ہم ڈٹ جائیں　　　مشکل ہے کہ پیچھے ہٹ جائیں

۶۸

○

ا: نہ تو کارواں کی تلاش ہے، نہ تو راہبر کی تلاش ہے
مرے شوقِ خانہ خراب کو تری راہگذر کی تلاش ہے
ب۔ مرے نامراد جنون کا ہے علاج کوئی تو موت ہے
جو دوا کے نام پہ زہر دے اُسی چارہ گر کی تلاش ہے
ا۔ ترا عشق ہے مری آرزو، ترا عشق ہے مری آبرو
ترا عشق کیسے میں چھوڑ دوں، میری عمر بھر کی تلاش ہے
دل عشق، جسم عشق ہے، اور جان عشق ہے
ایمان کی جو پوچھو تو ایمان عشق ہے
ترا عشق کیسے میں چھوڑ دوں، میری عمر بھر کی تلاش ہے

۶۹

پ. وحشتِ دل رسن و دار سے رو کی نہ گئی
کسی خنجر، کسی تلوار سے رو کی نہ گئی
عشق، مجنوں کی وہ آواز ہے جس کے آگے
کوئی لیلیٰ کسی دیوار سے رو کی نہ گئی
—— یہ عشق عشق ہے

وہ ہنس کے اگر مانگیں تو ہم جان بھی دے دیں
یہ جان تو کیا چیز ہے، ایمان بھی دے دیں
عشق آزاد ہے، ہندو نہ مسلمان ہے عشق
آپ ہی دھرم ہے اور آپ ہی ایمان ہے عشق
جس سے آگاہ نہیں شیخ و برہمن دونوں
اس حقیقت کا گرجتا ہوا اعلان ہے عشق
عشق نہ پُچھے دین دھرم نوں عشق نہ پُچھے ذاتاں
عشق دے ہتھوں گرم لہو وِچ ڈُبیاں لکھ براتاں
—— یہ عشق عشق ہے

جب جب کرشن کی بنسی باجی نکلی رادھا سج کے
جان اجان کا دھیان بُھلا کے لوک لاج کو تج کے

۷۰

بن بن ڈولی جنک دُلاری پہن کے پریم کی مالا
درشن جل کی پیاسی میرا، پی گئی بِس کا پیالا
——یہ عشق عشق ہے
اللہ اور رسولؐ کا فرمان عشق ہے
یعنی حدیث عشق ہے قرآن عشق ہے
گوتم کا اور مسیحؑ کا ارمان عشق ہے
یہ کائنات عشق ہے اور جان عشق ہے
عشق سرمد، عشق ہی منصور ہے
عشق موسیٰؑ، عشق کوہِ طور ہے
خاک کو بُت اور بُت کو دیوتا کرتا ہے عشق
انتہا یہ ہے کہ بندے کو خدا کرتا ہے عشق
——یہ عشق عشق ہے
..

۷۱

آج کیوں ہم سے پردا ہے؟
تیرا ہر رنگ ہم نے دیکھا ہے
تیرا ہر ڈھنگ ہم نے دیکھا ہے
ہاتھ کھیلے ہیں تیری زلفوں سے
آنکھ واقف ہے تیرے جلووں سے
تجھکو ہر طرح آزمایا ہے
پا کے کھویا ہے کھو کے پایا ہے
انکھڑیوں کا بیاں سمجھتے ہیں
دھڑکنوں کی زباں سمجھتے ہیں
چوڑیوں کی کھنک سے واقف ہیں
چھاگلوں کی چھنک سے واقف ہیں

۷۲

نازو انداز جانتے ہیں ہم
تیرا ہر راز جانتے ہیں ہم
آج کیوں ہم سے پردا ہے ؟

مُنہ چھپانے سے فائدہ کیا ہے
دل دکھانے سے فائدہ کیا ہے
اُلجھی اُلجھی لٹیں سنوار کے آ
حُسن کو اور بھی نکھار کے آ
نرم گالوں میں بجلیاں لے کر
شوخ آنکھوں میں تتلیاں لے کر
آبھی جا اب ادا سے لہراتی
ایک دُلہن کی طرح شرماتی
تو نہیں ہے تو رات سونی ہے
عشق کی کائنات سونی ہے
مرنے والوں کی زندگی تُو ہے
اِس اندھیرے کی روشنی تُو ہے
آج کیوں ہم سے پردا ہے ؟

۷۳

آ، تیرا انتظار کب سے ہے
ہر نظر بے قرار کب سے ہے
شمع رہ رہ کے جھلملاتی ہے
سانس تاروں کی ڈوبی جاتی ہے
تو اگر مہربان ہو جائے
ہر تمنا جوان ہو جائے
آ بھی جا اب کہ رات جاتی ہے
ایک عاشق کی بات جاتی ہے
خیر ہو تیری زندگانی کی
بھیک دے دے ہمیں جوانی کی
تجھ پہ سو جان سے فدا ہیں ہم
ایک مدت کے آشنا ہیں ہم
آج کیوں ہم سے پردا ہے؟

••

گاتا جائے بنجارہ — ساحر لدھیانوی

۷۴

کون آیا کہ نگاہوں میں چمک جاگ اُٹھی
دل کے سوئے ہوئے تاروں میں کھنک جاگ اُٹھی

کس کے آنے کی خبر لے کے ہوائیں آئیں
جسم سے پھول چٹکنے کی صدائیں آئیں
روح کھلنے لگی، سانسوں میں مہک جاگ اُٹھی

کس نے یہ میری طرف دیکھ کے باہیں کھولیں
شوخ جذبات نے سینے میں نگاہیں کھولیں!
ہونٹ تپنے لگے، زلفوں میں لچک جاگ اُٹھی

کس کے ہاتھوں نے مرے ہاتھوں سے کچھ مانگا ہے
کس کے خوابوں نے مرے خوابوں سے کچھ مانگا ہے
دل مچلنے لگا، آنچل میں دھنک جاگ اُٹھی

۷۵

○

تو ہندو بنے گا، نہ مسلمان بنے گا
انسان کی اولاد ہے، انسان بنے گا

اچھا ہے ابھی تک ترا کچھ نام نہیں ہے
تجھ کو کسی مذہب سے کوئی کام نہیں ہے
جس علم نے انسانوں کو تقسیم کیا ہے
اُس علم کا تجھ پر کوئی الزام نہیں ہے
تو بدلے ہوئے وقت کی پہچان بنے گا
انسان کی اولاد ہے انسان بنے گا

مالک نے ہر انسان کو انسان بنایا
ہم نے اُسے ہندو یا مسلمان بنایا

۷۶

قدرت نے تو بخشی تھی ہمیں ایک ہی دھرتی
ہم نے کہیں بھارت کہیں ایران بنایا
جو توڑ دے ہر بند وہ طوفان بنے گا
انسان کی اولاد ہے انسان بنے گا

نفرت جو سکھائے وہ دھرم تیرا نہیں ہے
انساں کو جو روندے وہ قدم تیرا نہیں ہے
قرآن نہ ہو جس میں وہ مندر نہیں تیرا
گیتا نہ ہو جس میں وہ حرم تیرا نہیں ہے
تو امن کا اور صلح کا ارمان بنے گا
انسان کی اولاد ہے انسان بنے گا

••

میں نے شاید تمہیں پہلے بھی کہیں دیکھا ہے!
اجنبی سی ہو مگر غیر نہیں لگتی ہو
وہم سے بھی جو ہو نازک وہ یقیں لگتی ہو
ہائے یہ پھول سا چہرہ یہ گھنیری زُلفیں
میرے شعروں سے بھی تم مجھ کو حسیں لگتی ہو

دیکھ کر تم کو کسی رات کی یاد آتی ہے
ایک خاموش ملاقات کی یاد آتی ہے
ذہن میں حُسن کی ٹھنڈک کا اثر جاگتا ہے
آنچ دیتی ہوئی برسات کی یاد آتی ہے

میری آنکھوں میں جھکی رہتی ہیں پلکیں جس کی
تم وہی میرے خیالوں کی پری ہو کہ نہیں
کہیں پہلے کی طرح پھر تو نہ کھو جاؤ گی
جو ہمیشہ کے لئے ہو وہ خوشی ہو کہ نہیں

میں نے شاید تمہیں پہلے بھی کہیں دیکھا ہے
••

۷۸

○

مایوس تو ہُوں وعدے سے ترے، کچھ آس نہیں کچھ آس بھی ہے
میں اپنے خیالوں کے صدقے، تو پاس نہیں اور پاس بھی ہے

دل نے تو خوشی مانگی تھی مگر، جو تُو نے دیا اچھا ہی دیا
جس غم کو تعلق ہو تجھ سے وہ راس نہیں اور راس بھی ہے

پلکوں پہ لرزتے اشکوں میں تصویر جھلکتی ہے تیری
دیدار کی پیاسی آنکھوں کو، اب پیاس نہیں اور پیاس بھی ہے

••

۷۹

○

زندگی بھر نہیں بھولے گی وہ برسات کی رات
ایک انجان حسینہ سے ملاقات کی رات
ہائے وہ ریشمیں زلفوں سے برستا پانی
پھول سے گالوں پہ رکنے کو ترستا پانی
دل میں طوفان اُٹھاتے ہوئے جذبات کی رات
زندگی بھر نہیں بھولے گی وہ برسات کی رات
ڈر کے بجلی سے اچانک وہ لپٹنا اس کا
اور پھر شرم سے بل کھا کے سمٹنا اس کا
کبھی دیکھی نہ سُنی ایسی طلسمات کی رات
زندگی بھر نہیں بھولے گی وہ برسات کی رات
سرخ آنچل کو دبا کر جو نچوڑا اُس نے
دل پہ جلتا ہوا اِک تیر سا چھوڑا اُس نے
آگ پانی میں لگاتے ہوئے حالات کی رات
زندگی بھر نہیں بھولے گی وہ برسات کی رات

۸۰

میرے نغموں میں جو بستی ہے وہ تصویر تھی وہ
نوجوانی کے حسین خواب کی تعبیر تھی وہ
آسمانوں سے اُتر آئی تھی جو رات کی رات
زندگی بھر نہیں بھولے گی وہ برسات کی رات

••

گاتا جائے بنجارہ
ساحر لدھیانوی

۸۱

بچّو! تم تقدیر ہو کل کے ہندوستان کی
باپو کے وردان کی، نہرو کے ارمان کی
آج کے ٹوٹے کھنڈروں پر تم کل کا دیش بساؤ گے
جو ہم لوگوں سے نہ ہوا، وہ تم کر کے دکھلاؤ گے
تم ننھی بنیادیں ہو، دنیا کے نئے ودھان کی
بچو! تم تقدیر ہو کل کے ہندوستان کی
جو صدیوں کے بعد ملی ہے، وہ آزادی کھوئے نہ
دین دھرم کے نام پہ کوئی بیج پھوٹ کا بوئے نہ
ہر مذہب سے اونچی ہے قیمت انسانی جان کی
بچو! تم تقدیر ہو کل کے ہندوستان کی
پھر کوئی جے چند نہ اُبھرے، پھر کوئی جعفر نہ اُٹھے
غیروں کا دل خوش کرنے کو اپنوں پر خنجر نہ اُٹھے
دھن دولت کے لالچ میں توہین نہ ہو ایمان کی
بچو! تم تقدیر ہو کل کے ہندوستان کی

گاتا جائے بنجارہ ساحر لدھیانوی

۸۲

بہت دنوں تک اس دنیا میں ریت رہی ہے جنگوں کی
لڑی ہیں دھن والوں کی خاطر فوجیں بھوکے ننگوں کی
کوئی لٹیرا لے نہ سکے اب، قربانی انسان کی
بچو! تم تقدیر ہو کل کے ہندوستان کی

رہ نہ سکے اب اس دنیا میں یگ سرمایہ داری کا
تم کو جھنڈا لہرانا ہے محنت کی سرداری کا
ہل ہوں اب مزدوروں کے اور کھیتی ہو دہقان کی
بچو! تم تقدیر ہو کل کے ہندوستان کی

••

ایک مکالمہ :

بچے: ہم نے سنا تھا ایک ہے بھارت
سب ملکوں سے نیک ہے بھارت
لیکن جب نزدیک سے دیکھا
سوچ سمجھ کر ٹھیک سے دیکھا
ہم نے نقشے اور ہی پائے
بدلے ہوئے سب طور ہی پائے
ایک سے ایک کی بات جُدا ہے
دھرم جُدا ہے، ذات جُدا ہے
آپ نے جو کچھ ہم کو پڑھایا
وہ تو کہیں بھی نظر نہ آیا

اُستاد: جو کچھ میں نے تم کو پڑھایا اُس میں کچھ بھی جھُوٹ نہیں
بھاشا سے بھاشا نہ ملے تو اُس کا مطلب پھوٹ نہیں
اِک ڈالی پر رہ کر جیسے پھول جُدا ہیں پات جُدا
بُرا نہیں گر یوں ہی وطن میں دھرم جُدا ہوں ذات جُدا

بچے: وہی ہے جب قرآن کا کہنا
جو ہے وید پُران کا کہنا
پھر یہ شور شرابہ کیوں ہے؟
اتنا خون خرابہ کیوں ہے؟

اُستاد: صدیوں تک اِس دیس میں بچّو! رہی حکومت غیروں کی
آج تلک ہم سب کے منہ پر دُھول ہے اُن کے پیروں کی
"لڑواؤ اور راج کرو" یہ اُن لوگوں کی حکمت تھی
اُن لوگوں کی چال میں آنا، ہم لوگوں کی ذِلّت تھی
یہ جو بیر ہے اک دُوجے سے، یہ جو پھوٹ اور رنجش ہے
اُنہیں بدیشی آقاؤں کی سوچی سمجھی بخشش ہے

بچے: کچھ انسان برہمن کیوں ہیں؟
کچھ انسان ہریجن کیوں ہیں؟
ایک کی اتنی عزت کیوں ہے؟
ایک کی اتنی ذِلّت کیوں ہے؟

اُستاد: دھن اور گیان کو طاقت والوں نے اپنی جاگیر کہا
محنت اور غلامی کو کمزوروں کی تقدیر کہا

۸۵

انسانوں کا یہ بٹوارہ، وحشت اور جہالت ہے
جو نفرت کی شکشا دے، وہ دھرم نہیں ہے لعنت ہے
جنم سے کوئی نیچ نہیں ہے، جنم سے کوئی مہان نہیں
کرم سے بڑھ کر کسی منش کی کوئی بھی پہچان نہیں

بچے: اب تو دیش میں آزادی ہے
اب کیوں جنتا فریادی ہے؟
کب جائے گا دور پرانا
کب آئے گا نیا زمانا؟

استاد: صدیوں کی بھوک اور بیکاری کیا اک دن میں جائے گی؟
اِس اُجڑے گلشن پر رنگت آتے آتے آئے گی
یہ جو نئے منصوبے ہیں اور یہ جو نئی تعمیریں ہیں
آنے والے دَور کی کچھ دُھندلی دُھندلی تصویریں ہیں
تم ہی رنگ بھرو گے اِن میں، تم ہی اِنہیں چمکاؤ گے
نوَیُگ آپ نہیں آئے گا، نوَیُگ کو تم لاؤ گے

••

۸۶

میں زندگی کا ساتھ نبھاتا چلا گیا
ہر فکر کو دھوئیں میں اڑاتا چلا گیا

بربادیوں کا سوگ منانا فضول تھا
بربادیوں کا جشن مناتا چلا گیا

جو مل گیا اسی کو مقدر سمجھ لیا
جو کھو گیا میں اس کو بھلاتا چلا گیا

غم اور خوشی میں فرق نہ محسوس ہو جہاں
میں دل کو اس مقام پہ لاتا چلا گیا

●●

۸۷

○

کبھی خود پہ کبھی حالات پہ رونا آیا
بات نکلی تو ہر اِک بات پہ رونا آیا

ہم تو سمجھے تھے کہ ہم بھول گئے ہیں اُن کو
کیا ہوا آج یہ کس بات پہ رونا آیا

کس لئے جیتے ہیں ہم کس کے لئے جیتے ہیں
بارہا ایسے سوالات پہ رونا آیا

کون روتا ہے کسی اور کی خاطر اے دوست!
سب کو اپنی ہی کسی بات پہ رونا آیا

••

۸۸

دوگانا:

ا۔ ابھی نہ جاؤ چھوڑ کر کہ دل ابھی بھرا نہیں

ابھی ابھی تو آئی ہو   بہار بن کے چھائی ہو
ہوا ذرا مہک تو لے   نظر ذرا بہک تو لے
یہ شام ڈھل تو لے ذرا   یہ دِل سنبھل تو لے ذرا
میں تھوڑی دیر جی تو لوں   نشے کے گھونٹ پی تو لوں

ابھی تو کچھ کہا نہیں، ابھی تو کچھ سُنا نہیں!

ب۔ ستارے جِھلملا اُٹھے   چراغ جگمگا اُٹھے
بس اب نہ مجھ کو ٹوکنا   نہ بڑھ کے راہ روکنا
اگر میں رُک گئی ابھی   تو جا نہ پاؤں گی کبھی
یہی کہو گے تم سدا   کہ دِل ابھی نہیں بھرا

جو ختم ہو کسی جگہ، یہ ایسا سلسلہ نہیں

ا۔ ادھوری آس چھوڑ کے   ادھوری پیاس چھوڑ کے
جو روز یوں ہی جاؤ گی   تو کس طرح نبھاؤ گی؟
کہ زندگی کی راہ میں   جواں دلوں کی چاہ میں
کئی مقام آئیں گے   جو ہم کو آزمائیں گے

بُرا نہ مانو بات کا، یہ پیار ہے گِلہ نہیں

(۲)

ب۔ جہاں میں ایسا کون ہے کہ جس کو غم ملا نہیں

دُکھ اور سکھ کے راستے　　بنے ہیں سب کے واسطے
جو غم سے ہار جاؤ گے　　تو کس طرح نبھاؤ گے
خوشی ملے ہمیں کہ غم　　جو ہوگا بانٹ لیں گے ہم
مجھے تم آزماؤ تو　　ذرا نظر ملاؤ تو

یہ جسم دو سہی مگر، دلوں میں فاصلہ نہیں

تمہارے پیار کی قسم　　تمہارا غم ہے میرا غم
نہ یوں بجھے بجھے رہو　　جو دل کی بات ہے کہو
جو مجھ سے بھی چھپاؤ گے　　تو پھر کسے بتاؤ گے
میں کوئی غیر تو نہیں　　دلاؤں کس طرح یقیں

کہ تم سے میں جدا نہیں ہوں، مجھ سے تم جدا نہیں

••

گاتا جائے بنجارہ
ساحر لدھیانوی

۹۰

○

بھول سکتا ہے بھلا کون یہ پیاری آنکھیں
رنگ میں ڈوبی ہوئی، نیند سے بھاری آنکھیں

میری ہر سوچ نے، ہر سانس نے چاہا ہے تمہیں
جب سے دیکھا ہے تمہیں تب سے سراہا ہے تمہیں
بس گئی ہیں مری آنکھوں میں تمہاری آنکھیں!

تم جو نظروں کو اُٹھاؤ تو ستارے جھک جائیں
تم جو پلکوں کو جھکاؤ تو زمانے رُک جائیں
کیوں نہ بن جائیں اِن آنکھوں کی پُجاری آنکھیں

جاگتی راتوں کو سپنوں کا خزانہ مل جائے
تم جو مل جاؤ تو جینے کا بہانہ مل جائے
اپنی قسمت پہ کریں ناز ہماری آنکھیں

••

آج کی رات مُرادوں کی برات آئی ہے

آج کی رات نہیں شکوے شکایت کے لئے
آج ہر لمحہ، ہر اک پل ہے محبت کے لئے
ریشمی سیج ہے، مہکی ہوئی تنہائی ہے
آج کی رات مرادوں کی برات آئی ہے

ہر گُناہ آج مقدس ہے فرشتوں کی طرح
کانپتے ہاتھوں کو مل جانے دو رِشتوں کی طرح
آج ملنے میں نہ اُلجھن ہے نہ رُسوائی ہے
آج کی رات مرادوں کی برات آئی ہے

اپنی زُلفیں مرے شانے پہ بکھر جانے دو
اِس حسیں رات کو کچھ اور نِکھر جانے دو
صبح نے آج نہ آنے کی قسم کھائی ہے
آج کی رات مرادوں کی برات آئی ہے

••

گاتا جائے بنجارہ

۹۲

میں جب بھی اکیلی ہوتی ہوں تم چُپکے سے آجاتے ہو
اور جھانک کے میری آنکھوں میں بیتے دن یاد دِلاتے ہو

مستانہ ہوا کے جھونکوں سے ہر بار وہ پردے کا ہِلنا
پردے کو پکڑنے کی دُھن میں دو اجنبی ہاتھوں کا مِلنا
آنکھوں میں دُھواں سا چھا جانا سانسوں میں ستارے سے کِھلنا

رستے میں تمہارا مُڑ مُڑ کر تکنا وہ مجھے جاتے جاتے
اور میرا ٹھٹھک کر رُک جانا، چلمن کے قریب آتے آتے
نظروں کا ترس کر رہ جانا، اِک اور جھلک پاتے پاتے

بالوں کو سُکھانے کی خاطر کوٹھے پہ وہ میرا آجانا
اور تم کو مقابل پاتے ہی کچھ شرمانا، کچھ بل کھانا
ہمسائوں کے ڈر سے کترانا، گھر والوں کے ڈر سے گھبرانا

رو رو کے تمہیں خط لکھتی ہوں، اور خود پڑھ کر رو لیتی ہوں
حالات کے تپتے طوفاں میں جذبات کی کشتی کھیتی ہوں
کیسے ہو؟ کہاں ہو؟ کچھ تو کہو، میں تم کو صدائیں دیتی ہوں

میں جب بھی اکیلی ہوتی ہوں، تم چُپکے سے آجاتے ہو
اور جھانک کے میری آنکھوں میں بیتے دن یاد دلاتے ہو

••

۹۳

○

سلامِ حسرت قبول کر لو
مری محبت قبول کر لو
اُداس نظریں تڑپ تڑپ کر تمہارے جلووں کو ڈھونڈتی ہیں
جو خواب کی طرح کھو گئے اُن حسین لمحوں کو ڈھونڈتی ہیں
اگر نہ ہو ناگوار تم کو، تو یہ شکایت قبول کر لو
مری محبت قبول کر لو
تمہی نگاہوں کی آرزو ہو تمہی خیالوں کا مدعا ہو
تمہی مرے واسطے صنم ہو، تمہی مرے واسطے خدا ہو
مری پرستش کی لاج رکھ لو، مری عبادت قبول کر لو
مری محبت قبول کر لو
تمہاری جھکتی نظر سے جب تک نہ کوئی پیغام مل سکے گا
نہ رُوح تسکین پا سکے گی، نہ دل کو آرام مل سکے گا
غمِ جُدائی ہے جان لیوا، یہ اِک حقیقت قبول کر لو
مری محبت قبول کر لو
••

۹۴

○

جو بات تجھ میں ہے، تری تصویر میں نہیں

رنگوں میں تیرا عکس ڈھلا، تو نہ ڈھل سکی
سانسوں کی آنچ، جسم کی خوشبو نہ ڈھل سکی
تجھ میں جو لوچ ہے مری تحریر میں نہیں

بے جان حُسن میں کہاں رفتار کی ادا
انکار کی ادا ہے نہ اقرار کی ادا
کوئی لچک بھی زُلفِ گرہ گیر میں نہیں

دُنیا میں کوئی چیز نہیں ہے تری طرح
پھر ایک بار سامنے آ جا کسی طرح
کیا اور اِک جھلک مری تقدیر میں نہیں؟

••

دوگانا:

ا:	پاؤں چھو لینے دو پھولوں کو، عنایت ہوگی
ورنہ ہم کو نہیں، اِن کو بھی شکایت ہوگی

ب،	آپ جو پھول بچھائیں اُنہیں ہم ٹھکرائیں
ہم کو ڈر ہے کہ یہ توہینِ محبّت ہوگی

ا:	دل کی بے چین امنگوں پہ کرم فرماؤ
اتنا رُک رُک کے چلو گی تو قیامت ہوگی

ب:	شرم روکے ہے اِدھر، شوق اُدھر کھینچے ہے
کیا خبر تھی کبھی اس دِل کی یہ حالت ہوگی

ا،	شرم غیروں سے ہوا کرتی ہے اپنوں سے نہیں
شرم ہم سے بھی کروگی تو مصیبت ہوگی
••

۹۶

دوگانا:

ا: جو وعدہ کیا وہ نبھانا پڑے گا
روکے زمانہ چاہے روکے خدائی تم کو آنا پڑے گا
ترستی نگاہوں نے آواز دی ہے
محبّت کی راہوں نے آواز دی ہے
جانِ حیا، جانِ ادا! چھوڑو ترسانا، تم کو آنا پڑے گا

ب: یہ مانا ہمیں جاں سے جانا پڑے گا
پر یہ سمجھ لو، تم نے جب بھی پکارا، ہم کو آنا پڑے گا
ہم اپنی وفا پہ نہ الزام لیں گے
تمہیں دل دیا ہے، تمہیں جاں بھی دیں گے
جب عشق کا سودا کیا، پھر کیا گھبرانا ہم کو آنا پڑے گا

ا: سبھی اہلِ دُنیا یہ کہتے ہیں ہم سے
کہ آتا نہیں کوئی ملکِ عدم سے
آج ذرا، شانِ وفا، دیکھے زمانہ، تم کو آنا پڑے گا

ب: ہم آتے رہے ہیں، ہم آتے رہیں گے
محبت کی رسمیں، نبھاتے رہیں گے
جانِ وفا، تم دو صدا، پھر کیا ٹھکانا، ہم کو آنا پڑے گا

۹۷

○

خُدائے برتر! تری زمیں پر' زمیں کی خاطر یہ جنگ کیوں ہے؟
ہر ایک فتح و ظفر کے دامن پہ خونِ انساں کا رنگ کیوں ہے؟

زمیں بھی تیری ہے' ہم بھی تیرے' یہ ملکیت کا سوال کیا ہے؟
یہ قتل و خُوں کا رواج کیوں ہے' یہ رسمِ جنگ و جدال کیا ہے؟
جنہیں طلب ہے جہان بھر کی' اُنہیں کا دل اتنا تنگ کیوں ہے؟
خدائے برتر! تری زمیں پر' زمیں کی خاطر یہ جنگ کیوں ہے؟

غریب ماؤں' شریف بہنوں کو امن و عزت کی زندگی دے
جنہیں عطا کی ہے تو نے طاقت' اُنہیں ہدایت کی روشنی دے
سروں میں کبر و غرور کیوں ہے' دلوں کے شیشے پہ زنگ کیوں ہے؟
خدائے برتر! تری زمیں پر' زمیں کی خاطر یہ جنگ کیوں ہے؟

••

۹۸

قضا کے رستے پہ جانے والوں کو بچ کے آنے کی راہ دینا
دِلوں کے گلشن اُجڑ نہ جائیں، محبّتوں کو پناہ دینا
جہاں میں جشنِ وفا کے بدلے یہ جشنِ تیر و تفنگ کیوں ہے؟
خدائے برتر! تری زمیں پر، زمیں کی خاطر یہ جنگ کیوں ہے؟

••

گاتا جائے بنجارہ
ساحر لدھیانوی

۹۹

○

یہ وادیاں، یہ فضائیں بُلا رہی ہیں تمہیں
خموشیوں کی صدائیں بُلا رہی ہیں تمہیں

ترس رہے ہیں جواں پھول ہونٹ چھونے کو
مچل مچل کے ہوائیں بُلا رہی ہیں تمہیں

تمہاری زُلفوں سے خوشبو کی بھیک لینے کو
جُھکی جُھکی سی گھٹائیں بُلا رہی ہیں تمہیں

حسین چمپئی پیروں کو جب سے دیکھا ہے
ندی کی مست ادائیں بُلا رہی ہیں تمہیں

میرا کہا نہ سنو، ان کی بات تو سُن لو
ہر ایک دل کی دُعائیں بُلا رہی ہیں تمہیں

••

ساحر لدھیانوی
گاتا جائے بنجارہ

۱۰۰

غصّے میں جو نکھرا ہے، اُس حُسن کا کیا کہنا
کچھ دیر ابھی ہم سے تم یوں ہی خفا رہنا

اس حُسن کے شعلے کی تصویر بنا لیں ہم
اِن گرم نگاہوں کو سینے سے لگا لیں ہم

پل بھر اسی عالم میں اے جانِ ادا رہنا
کچھ دیر ابھی ہم سے، تم یوں ہی خفا رہنا

یہ دہکا ہوا چہرا، یہ بکھری ہوئی زُلفیں
یہ بڑھتی ہوئی دھڑکن، یہ چڑھتی ہوئی سانسیں

سامانِ قضا ہو تم، سامانِ قضا رہنا
کچھ دیر ابھی ہم سے تم یوں ہی خفا رہنا

پہلے بھی حسیں تھیں تم، لیکن یہ حقیقت ہے
وہ حُسن مصیبت تھا، یہ حُسن قیامت ہے

اوروں سے تو بڑھ کر ہو خود سے بھی سوا رہنا
کچھ دیر ابھی ہم سے تم یوں ہی خفا رہنا

●●

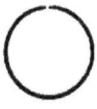

۱۰۱

○

مُجھے گلے سے لگالو، بہت اُداس ہوں میں
غمِ جہاں سے چُھڑالو، بہت اُداس ہوں میں

یہ انتظار کا دُکھ اب سہا نہیں جاتا
تڑپ رہی ہے محبّت رہا نہیں جاتا
تم اپنے پاس بُلالو، بہت اُداس ہوں میں

ہر اک سانس میں ملنے کی پیاس پلتی ہے
سلگ رہا ہے بدن اور روح جلتی ہے
بچا سکو تو بچالو، بہت اُداس ہوں میں

بھٹک چکی ہوں بہت زندگی کی راہوں میں
مجھے اب آکے چُھپالو تم اپنی باہوں میں
مرا سوال نہ ٹالو، بہت اُداس ہوں میں

••

۱۰۲

○

جرمِ اُلفت پہ ہمیں لوگ سزا دیتے ہیں
کیسے نادان ہیں، شعلوں کو ہوا دیتے ہیں

ہم سے دیوانے کہیں ترکِ وفا کرتے ہیں؟
جان جائے کہ رہے' بات نبھا دیتے ہیں

آپ دولت کے ترازو میں دِلوں کو تولیں
ہم محبّت سے محبّت کا صلہ دیتے ہیں

تخت کیا چیز ہے' اور لعل و جواہر کیا ہیں
عشق والے تو خدائی بھی لُٹا دیتے ہیں

ہم نے دل دے بھی دیا' عہدِ وفا لے بھی لیا
آپ اب شوق سے دے لیں جو سزا دیتے ہیں

●

یہ حسن مرا یہ عشق ترا، رنگین تو ہے بدنام سہی
مجھ پر تو کئی الزام لگے، تجھ پر بھی کوئی الزام سہی

اس رات کی نکھری رنگت کو کچھ اور نکھر جانے دے ذرا
نظروں کو بہک لینے دے ذرا زلفوں کو بکھر جانے دے ذرا
کچھ دیر کی ہی تسکین سہی، کچھ دیر کا ہی آرام سہی

جذبات کی کلیاں چننا ہے اور پیار کا تحفہ دینا ہے
لوگوں کی نگاہیں کچھ بھی کہیں، لوگوں سے ہمیں کیا لینا ہے
یہ خاص تعلق آپس کا دُنیا کی نظر میں عام سہی

رُسوائی کے ڈر سے گھبرا کر ہم ترکِ وفا کب کرتے ہیں؟
جس دل کو بسا لیں پہلو میں اس دل کو جدا کب کرتے ہیں؟
جو حشر ہوا ہے لاکھوں کا اپنا بھی وہی انجام سہی

گاتا جائے بنجارہ
ساحر لدھیانوی

۱۰۴

سنسار سے بھاگے پھرتے ہو، بھگوان کو تم کیا پاؤ گے
اس لوک کو بھی اپنا نہ سکے، اس لوک میں بھی پچھتاؤ گے

یہ پاپ ہے کیا، یہ پنیہ ہے کیا، ریتوں پر دھرم کی مہریں ہیں
ہر یگ میں بدلتے دھرموں کو کیسے آدرش بناؤ گے

یہ بھوگ بھی ایک تپسیا ہے، تم تیاگ کے مارے کیا جانو
اپمان رچیتا کا ہو گا، رچنا کو اگر ٹھکراؤ گے

ہم کہتے ہیں یہ جگ اپنا ہے، تم کہتے ہو جھوٹا سپنا ہے
ہم جنم بتا کر جائیں گے، تم جنم گنوا کر جاؤ گے

گاتا جائے بنجارہ
ساحر لدھیانوی

۱۰۵

لاگا چُنری میں داگ چھپاؤں کیسے
——— گھر جاؤں کیسے
ہو گئی میلی موری چُنریا
کورے بدن سی کوری چُنریا
جا کے بابل سے نجریں ملاؤں کیسے
——— گھر جاؤں کیسے

بھول گئی سب بچن بدا کے
کھو گئی میں سسرال میں آ کے
جا کے بابل سے نجریں ملاؤں کیسے
——— گھر جاؤں کیسے

کوری چُنریا آتما موری میل ہے مایا جال
وہ دُنیا مورے بابل کا گھر یہ دنیا سسرال
جا کے بابل سے نجریں ملاؤں کیسے
——— گھر جاؤں کیسے
لاگا چُنری میں داگ چھپاؤں کیسے

گاتا جائے بنجارہ
ساحر لدھیانوی

۱۰۶

تم چلی جاؤ گی، پرچھائیاں رہ جائیں گی
کچھ نہ کچھ حسن کی رعنائیاں رہ جائیں گی

تم کہ اس جھیل کے ساحل پہ ملی ہو مجھ سے
جب بھی دیکھوں گا یہیں مجھکو نظر آؤ گی
یاد مٹتی ہے نہ منظر کوئی مٹ سکتا ہے
دور جا کر بھی تم اپنے کو یہیں پاؤ گی

گھل کے رہ جائے گی جھونکوں میں بدن کی خوشبو
زلف کا عکس گھٹاؤں میں رہے گا صدیوں
پھول چپکے سے چرالیں گے لبوں کی سرخی
یہ جواں حسن فضاؤں میں رہے گا صدیوں

اس دھڑکتی ہوئی شاداب و حسیں وادی میں
یہ نہ سمجھو کہ ذرا دیر کا قصہ ہو تم
اب ہمیشہ کے لئے میرے مقدر کی طرح
ان نظاروں کے مقدر کا بھی حصہ ہو تم

تم چلی جاؤ گی پرچھائیاں رہ جائیں گی
کچھ نہ کچھ حسن کی رعنائیاں رہ جائیں گی

گاتا جائے بنجارہ
ساحر لدھیانوی

۱۰۷

رنگ اور نور کی بارات کِسے پیش کروں
یہ مُرادوں کی حسیں رات کِسے پیش کروں؟

میں نے جذبات نبھائے ہیں اصولوں کی جگہ
اپنے ارمان پرولایا ہوں پھولوں کی جگہ
تیرے سہرے کی یہ سوغات کِسے پیش کروں؟

یہ میرے شعر، مِرے آخری نذرانے ہیں
میں اُن اپنوں میں ہوں جو آج سے بیگانے ہیں
بے تعلق سی ملاقات کِسے پیش کروں؟

سُرخ جوڑے کی تب و تاب مبارک ہو تجھے
تیری آنکھوں کا نیا خواب مبارک ہو تجھے
میں یہ خواہش یہ خیالات کِسے پیش کروں؟

کون کہتا ہے کہ چاہت پہ سبھی کا حق ہے
تُو جسے چاہے ترا پیار اسی کا حق ہے
مجھ سے کہہ دے میں ترا ہات کِسے پیش کروں؟

۱۰۸

نغمہ و شعر کی سوغات کِسے پیش کروں
یہ چھلکتے ہوئے جذبات کِسے پیش کروں؟
شوخ آنکھوں کے اُجالوں کو لٹاؤں کس پر
مست زلفوں کی سیہ رات کِسے پیش کروں؟
گرم سانسوں میں چھپے راز بتاؤں کس کو
نرم ہونٹوں میں دبی بات کِسے پیش کروں
کوئی ہمراز تو پاؤں، کوئی ہمدم تو ملے
دل کی دھڑکن کے اشارات کِسے پیش کروں؟

••

یہ دُنیا دورنگی ہے

ایک طرف سے ریشم اوڑھے، ایک طرف سے ننگی ہے

ایک طرف اندھی دولت کی پاگل عیش پرستی
ایک طرف جسموں کی قیمت روٹی سے بھی سستی
ایک طرف ہے سونا گاچی، ایک طرف چورنگی ہے
یہ دُنیا دورنگی ہے

آدھے مُنہ پر نور برستا، آدھے مُنہ پر چیرے
آدھے تن پر کوڑھ کے دھبّے، آدھے تن پر ہیرے
آدھے گھر میں خوشحالی ہے آدھے گھر میں تنگی ہے
یہ دُنیا دورنگی ہے

گاتا جائے بنجارہ
ساحر لدھیانوی

۱۱۰

ماتھے اوپر مکٹ سجائے، سر پر ڈھوئے گندا
دائیں ہاتھ سے بھکشا مانگے، بائیں سے دے چندا
ایک طرف بھنڈار چلائے، ایک طرف بھک منگی ہے
یہ دُنیا دو رنگی ہے

اِک سنگم پر لانی ہوگی، دُکھ اور سکھ کی دھارا
نئے سرے سے کرنا ہوگا دولت کا بٹوارا
جب تک اونچ اور نیچ ہے باقی، ہر صورت بے ڈھنگی ہے
یہ دُنیا دو رنگی ہے

••

گاتا جائے بنجارہ   ساحر لدھیانوی

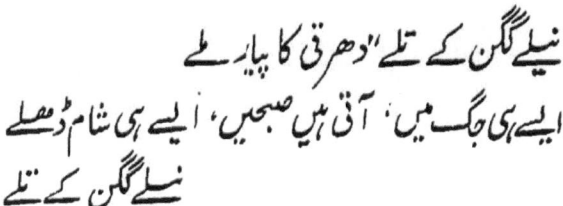

نیلے گگن کے تلے، دھرتی کا پیار پلے
ایسے ہی جگ میں، آتی ہیں صبحیں، ایسے ہی شام ڈھلے
نیلے گگن کے تلے

شبنم کے موتی، پھولوں پہ بکھریں، دونوں کی آس پھلے
بل کھاتی بیلیں، مستی میں کھیلیں، پیڑوں سے مل کے گلے
ندیا کا پانی، دریا سے مل کے، ساگر کی اور چلے
نیلے گگن کے تلے
دھرتی کا پیار پلے
۔۔

۱۱۲

○

دور رہ کر نہ کرو بات، قریب آجاؤ
یاد رہ جائے گی یہ رات، قریب آجاؤ

ایک مدّت سے تمنّا تھی تمہیں چھونے کی
آج بس میں نہیں جذبات، قریب آجاؤ

سرد جھونکوں سے بھڑکتے ہیں بدن میں شعلے
جان لے لے گی یہ برسات، قریب آجاؤ

اس قدر ہم سے جھجکنے کی ضرورت کیا ہے
زندگی بھر کا ہے اب ساتھ، قریب آجاؤ

▬

۱۱۳

یہ زُلف اگر کھُل کے بکھر جائے تو اچّھا
اِس رات کی تقدیر سنور جائے تو اچّھا

جس طرح سے تھوڑی سی ترے ساتھ کٹی ہے
باقی بھی اِسی طرح گذر جائے تو اچّھا

دُنیا کی نگاہوں میں بُرا کیا ہے بھلا کیا؛
یہ بوجھ اگر دل سے اُتر جائے تو اچّھا

ویسے تو تمہیں نے مجھے برباد کیا ہے
الزام کسی اور کے سر جائے تو اچّھا

••

محفل سے اُٹھ جانے والو! تم لوگوں پر کیا الزام
تم آباد گھروں کے باسی، میں آوارہ اور بدنام
میرے ساتھی خالی جام!

دو دن تم نے پیار جتایا، دو دن تم سے میل رہا
اچھا خاصا وقت کٹا اور اچھا خاصا کھیل رہا
اب اُس کھیل کا ذکر ہی کیا، وقت کٹا اور کھیل تمام
میرے ساتھی خالی جام!

تم نے ڈھونڈی سُکھ کی دولت میں نے پالا غم کا روگ
کیسے بنتا، کیسے نبھتا، یہ رشتہ اور یہ سنجوگ
میں نے دل کو دل سے تولا تم نے مانگے پیار کے دام
میرے ساتھی خالی جام!

تم دُنیا کو بہتر سمجھے، میں پاگل تھا خوار ہوا
تم کو اپنانے نکلا تھا، خود سے بھی بیزار ہوا
دیکھ لیا گھر پھونک تماشا، جان لیا اپنا انجام
میرے ساتھی خالی جام!

••

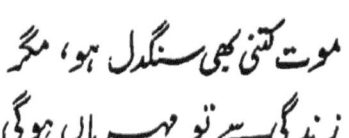

موت کتنی بھی سنگدل ہو، مگر
زندگی سے تو مہرباں ہوگی

نت نئے رنج دل کو دیتی ہے
زندگی ہر خوشی کی دشمن ہے
موت سب سے نباہ کرتی ہے
زندگی، زندگی کی دشمن ہے

کچھ نہ کچھ تو سکون پائے گا
موت کے بس میں جس کی جاں ہوگی

۱۱۶

زندگی اور نسل، نام اور دولت
زندگی کتنے فرق مانتی ہے
موت حد بندیوں سے اونچی ہے
ساری دُنیا کو ایک جانتی ہے
جن اصولوں پہ مر رہے ہیں ہم
اُن اُصولوں کی قدرداں ہوگی

موت سے اور کچھ ملے نہ ملے
زندگی سے جان تو چھوٹے گی
مسکراہٹ نصیب ہو کہ نہ ہو
آنسوؤں کی لڑی تو ٹوٹے گی
ہم نہ ہوں گے تو غم کِسے ہوگا؟
ختم ہر غم کی داستاں ہوگی

—

۱۱۷

بھولے سے محبت کر بیٹھا، ناداں تھا بچارا، دل ہی تو ہے
ہر دل سے خطا ہو جاتی ہے، بگڑو نہ خدارا، دل ہی تو ہے

اس طرح نگاہیں مت پھیرو، ایسا نہ ہو دھڑکن رُک جائے
سینے میں کوئی پتھر تو نہیں احساس کا مارا، دل ہی تو ہے

جذبات بھی ہندو ہوتے ہیں، چاہت بھی مسلماں ہوتی ہے
دُنیا کا اشارا تھا، لیکن سمجھا نہ اشارا، دل ہی تو ہے

بیداد گروں کی ٹھوکر سے، سب خواب سہانے چُور ہوئے
اب دل کا سہارا غم ہی تو ہے، اب غم کا سہارا دل ہی تو ہے

••

۱۱۸

رات بھی ہے کچھ بھیگی بھیگی — چاند بھی ہے کچھ مدّھم مدّھم
تم آؤ تو آنکھیں کھولے — سوئی ہوئی پائل کی چھم چھم

کس کو بتائیں، کیسے بتائیں — آج عجب ہے دل کا عالم
چین بھی ہے کچھ ہلکا ہلکا — درد بھی ہے کچھ مدّھم مدّھم

تپتے دل پر یوں گرتی ہے — تیری نظر سے پیار کی شبنم
جلتے ہوئے جنگل پر جیسے — برکھا برسے رُک رُک تھم تھم

ہوش میں تھوڑی بے ہوشی ہے — بے ہوشی میں ہوش ہے کم کم
تجھ کو پانے کی کوشش میں — دونوں جہاں سے کھوئے گئے ہم

••

سب میں شامل ہو مگر سب سے جدا لگتی ہو
صرف ہم سے ہی نہیں، خود سے بھی خفا لگتی ہو

آنکھ اُٹھتی ہے نہ جھکتی ہے کسی کی خاطر
سانس چڑھتی ہے نہ رُکتی ہے کسی کی خاطر
جو کسی در پہ نہ ٹھہرے، وہ ہوا لگتی ہو

زلف لہرائے تو آنچل میں چھپا لیتی ہو
ہونٹ تھرّائیں تو دانتوں میں دبا لیتی ہو
جو کبھی کھل کے نہ برسے وہ گھٹا لگتی ہو

جاگی جاگی نظر آتی ہو نہ سوئی سوئی
تم کہ ہو اپنے خیالات میں کھوئی کھوئی
کسی مایوس مصوّر کی دُعا لگتی ہو

**

۱۲۰

پربتوں کے پیڑوں پر شام کا بسیرا ہے
سُرمئی اُجالا ہے، چمپئی اندھیرا ہے

دونوں وقت ملتے ہیں، دو دِلوں کی صورت سے
آسماں نے خوش ہو کر رنگ سا بکھیرا ہے

ٹھہرے ٹھہرے پانی میں گیت سرسراتے ہیں
بھیگے بھیگے جھونکوں میں خوشبوؤں کا ڈیرا ہے

کیوں نہ جذب ہو جائیں اِس حسیں نظارے میں
روشنی کا جُھرمٹ ہے، مستیوں کا گھیرا ہے

۱۲۱

تم اگر مجھ کو نہ چاہو تو کوئی بات نہیں
تم کسی اور کو چاہو گی تو مشکل ہو گی

اب اگر میل نہیں ہے تو جُدائی بھی نہیں
بات توڑی بھی نہیں تم نے، بنائی بھی نہیں
یہ سہارا ہی بہت ہے میرے جینے کے لئے
تم اگر میری نہیں ہو تو پرائی بھی نہیں
میرے دل کو نہ سراہو تو کوئی بات نہیں
غیروں کے دل کو سراہو گی تو مشکل ہو گی

۱۲۲

تم حسیں ہو تمہیں سب پیار ہی کرتے ہوں گے
میں جو مرتا ہوں تو کیا' اور بھی مرتے ہوں گے
سب کی آنکھوں میں اسی شوق کا طوفاں ہوگا
سب کے سینے میں یہی درد اُبھرتے ہوں گے
میرے غم میں نہ گرا ہو تو کوئی بات نہیں

پھول کی طرح ہنسو سب کی نگاہوں میں رہو
اپنی معصوم جوانی کی پناہوں میں رہو
مجھ کو وہ دن نہ دکھانا تمہیں اپنی ہی قسم
میں ترستا رہوں تم غیر کی باہوں میں رہو
تم جو مجھ سے نہ نبا ہو تو کوئی بات نہیں
کسی دُشمن سے نبا ہو گی تو مشکل ہو گی

••

ساحر لدھیانوی گاتا جائے بنجارہ

۱۲۳

تیرے بچپن کو جوانی کی دعا دیتی ہوں
اور دعا دے کے پریشان سی ہو جاتی ہوں

میرے بچے! مرے گلزار کے ننھے پودے
تجھ کو حالات کی آندھی سے بچانے کے لئے
آج میں پیار کے آنچل میں چھپا لیتی ہوں
کل یہ کمزور سہارا بھی نہ حاصل ہوگا
کل تجھے کانٹوں بھری راہ پہ چلنا ہوگا
زندگانی کی کڑی دھوپ میں جلنا ہوگا

تیرے بچپن کو جوانی کی دعا دیتی ہوں
اور دعا دے کے پریشان سی ہو جاتی ہوں

تیرے ماتھے پہ شرافت کی کوئی مہر نہیں
چند بوسے ہیں محبت کے سو وہ بھی کیا ہیں
مجھ سی ماؤں کی محبت کا کوئی مول نہیں

۱۲۴

میرے معصوم فرشتے تو ابھی کیا جانے
تجھ کو کس کس کے گناہوں کی سزا ملنی ہے
دین اور دھرم کے مارے ہوئے انسانوں کی
جو نظر ملنی ہے وہ تجھ کو خفا ملنی ہے
تیرے بچپن کو جوانی کی دُعا دیتی ہوں
اور دُعا دے کے پریشان سی ہو جاتی ہوں

بیڑیاں لے کے لپکتا ہوا قانون کا ہات
تیرے ماں باپ سے جب تجھ کو ملی یہ سوغات
کون لائے گا ترے واسطے خوشیوں کی برات
میرے بچے! ترے انجام سے جی ڈرتا ہے
تیری دُشمن ہی نہ ثابت ہو جوانی تیری
کانپ جاتی ہے جسے سوچ کے ممتا میری
اُسی انجام کو پہنچے نہ کہانی تیری
تیرے بچپن کو جوانی کی دعا دیتی ہوں
اور دعا دے کے پریشان سی ہو جاتی ہوں
••

۱۲۵

اب کوئی گلشن نہ اُجڑے، اب وطن آزاد ہے
رُوح گنگا کی، ہمالہ کا بدن آزاد ہے

کھیتیاں سونا اُگائیں، وادیاں موتی لٹائیں
آج گوتم کی زمیں، تُلسی کا بن آزاد ہے

دستکاروں سے کہو اپنی ہنرمندی دکھائیں
اُنگلیاں کٹتی تھیں جس کی، اب وہ فن آزاد ہے

مندروں میں سنکھ باجیں، مسجدوں میں ہو اذاں
شیخ کا دھرم اور دینِ برہمن آزاد ہے

لُوٹ کیسی بھی ہو اب اس دیس میں رہنے نہ پائے
آج سب کے واسطے دھرتی کا دھن آزاد ہے

••

○

برسوں رام دھڑا کے سے
بُڑھیا مر گئی فاقے سے
کل جُگ میں بھی مرتی ہے، ست جُگ میں بھی مرتی تھی
یہ بُڑھیا اِس دُنیا میں سدا ہی فاقے کرتی تھی
جینا اس کو راس نہ تھا
پیسہ اس کے پاس نہ تھا
اس کے گھر کو دیکھ کے لچھمی مُڑ جاتی تھی ناکے سے
برسو رام دھڑا کے سے

جھوٹے ٹکڑے کھا کے بڑھیا، تپتا پانی پیتی تھی
مرتی ہے تو مر جانے دو، پہلے بھی کب جیتی تھی؟
جے ہو پیسے والوں کی
گیہوں کے دلّالوں کی
ان کا حد سے بڑھا منافع کچھ ہی کم ہے ڈاکے سے
برسو رام دھڑا کے سے

••

گاتا جائے بنجارہ

۱۲۷

یوں تو حسن ہر جگہ ہے، لیکن اس قدر نہیں
اے وطن کی سرزمیں!

یہ کھلی کھلی فضا   یہ دُھلا دُھلا گگن
ندیوں کے پیچ و خم   پربتوں کا بانکپن
تیری وادیاں جواں ، تیرے راستے حسیں
اے وطن کی سرزمیں!

تیری خاک میں بسی   ماں کے دودھ کی مہک
تیرے روپ میں رچی   سورگ لوک کی جھلک
ہم میں ہی کمی رہی ، تجھ میں کچھ کمی نہیں
اے وطن کی سرزمیں!

گاتا جائے بنجارہ
ساحر لدھیانوی

نعمتوں کے درمیاں   بھوک پیاس کیوں رہے؟
تیرے پاس کیا نہیں   تو اداس کیوں رہے؟
عام ہو گی وہ خوشی، جو ہے اب کہیں کہیں
اے وطن کی سرزمیں!

تیری خاک کی قسم   ہم تجھے سجائیں گے
ہر چھپا ہوا ہنر   روشنی میں لائیں گے
آنے والے دور کی برکتوں پہ رکھ یقیں
اے وطن کی سرزمیں!

••

۱۲۹

وقت سے دن اور رات' وقت سے کل اور آج
وقت کی ہر شے غلام' وقت کا ہر شے پہ راج

وقت کی پابند ہیں آتی جاتی رونقیں
وقت ہے پھولوں کی سیج' وقت ہے کانٹوں کا تاج

وقت کے آگے اُڑی کتنی تہذیبوں کی دھول
وقت کے آگے مٹے کتنے مذہب اور رواج

وقت کی گردش سے ہے چاند تاروں کا نظام
وقت کی ٹھوکر میں ہیں' کیا حکومت کیا سماج

آدمی کو چاہیئے وقت سے ڈر کر رہے
کون جانے کس گھڑی وقت کا بدلے مزاج

••

۱۳۰

تورا من، درپن کہلائے
بھلے بُرے سارے کرموں کو دیکھے اور دکھائے
تورا من درپن کہلائے

من ہی دیوتا، من ہی ایشور، من سے بڑا نہ کوئے
من اجیارا جب جب پھیلے، جگ اجیارا ہوئے
اِس اجلے درپن پر پرانی دُھول نہ جمنے پائے
تورا من درپن کہلائے

سُکھ کی کلیاں، دُکھ کے کانٹے، من سب کا آدھار
من سے کوئی بات چھپے ناں، من کے نین ہزار
جگ سے چاہے بھاگ لے کوئی من سے بھاگ نہ پائے
تورا من درپن کہلائے

ساحر لدھیانوی
گاتا جائے بنجارہ

۱۳۱

کسی پتھر کی مورت سے محبت کا ارادہ ہے
پرستش کی تمنا ہے، عبادت کا ارادہ ہے

جو دل کی دھڑکنیں سمجھے نہ آنکھوں کی زباں سمجھے
نظر کی گفتگو سمجھے نہ جذبوں کا بیاں سمجھے
اُسی کے سامنے اُس کی شکایت کا ارادہ ہے

سنا ہے ہر جواں پتھر کے دل میں آگ ہوتی ہے
مگر جب تک نہ چھیڑو شرمگیں پردے میں سوتی ہے

یہ سوچا ہے کہ دل کی بات اُس کے روبرو کہہ دیں
نتیجہ کچھ بھی نکلے آج اپنی آرزو کہہ دیں
ہر اک بے جا تکلف سے بغاوت کا ارادہ ہے

••

دوگانا:

ا: میں نے دیکھا ہے کہ پھولوں سے لدی شاخوں میں
تم لچکتی ہوئی یوں میرے قریب آئی ہو
جیسے مدت سے یوں ہی ساتھ رہا ہو اپنا
جیسے اب کی نہیں، برسوں کی شناسائی ہو

ب: میں نے دیکھا ہے کہ گاتے ہوئے جھرنوں کے قریب
اپنی بے تابیِ جذبات کہی ہے تم نے
کانپتے ہونٹوں سے، رکتی ہوئی آواز کے ساتھ
جو مرے دل میں تھی وہ بات کہی ہے تم نے

ا: آنچ دینے لگا قدموں کے تلے برف کا فرش
آج جانا کہ محبّت میں ہے گرمی کتنی
سنگ مرمر کی طرح سخت بدن میں تیرے
آگئی ہے میرے چھُو لینے سے نرمی کتنی

ب: ہم چلے جاتے ہیں، اور دُور تلک کوئی نہیں
صرف پتّوں کے چٹخنے کی صدا آتی ہے
دل میں کچھ ایسے خیالات نے کروٹ لی ہے
مجھکو تم سے نہیں، اپنے سے حیا آتی ہے

..

۱۳۴

چھو لینے دو نازک ہونٹوں کو کچھ اور نہیں ہے جام ہے یہ
قدرت نے جو ہم کو بخشا ہے وہ سب سے حسین انعام ہے یہ
شرما کے نہ یوں ہی کھو دینا رنگین جوانی کی گھڑیاں
بے تاب دھڑکتے سینوں کا ارمان بھرا پیغام ہے یہ
اچھوں کو بُرا ثابت کرنا دنیا کی پرانی عادت ہے
اس مئے کو مبارک چیز سمجھ مانا کہ بہت بدنام ہے یہ
••

دوہے:

کھُلے گگن کے نیچے پنچھی گھومیں ڈالی ڈالی
میں کیا جانوں اُڑنا کیا ہے، میں پنجرے کی پالی

گملے کے اِس پھول کا جیون، میری کتھا سنائے
اسی کے اندر کھِلے بچارا، اسی میں مرجھا جائے

شیشے کے تابوت میں جیسے مچھلی ماتھا ٹپکے
بنھر کے اِس بندی گھر میں، میری آتما بھٹکے
••

گاتا جائے بنجارہ		ساحر لدھیانوی

۱۳۵

میں نے پی شراب، تم نے کیا پیا؟ آدمی کا خوں
میں ذلیل ہوں
تم کو کیا کہوں

تم پیئو تو ٹھیک — ہم پئیں تو پاپ
تم جیئو تو پنیہ — ہم جیئں تو پاپ
تم شریف لوگ — تم امیر لوگ
ہم تباہ حال — ہم فقیر لوگ
زِندگی بھی روگ — موت بھی عذاب
میں نے پی شراب

تم کہو تو سچ   ہم کہیں تو جھوٹ
تم کو سب معاف   ظلم ہو کہ لوٹ
تم نے کتنے دل   چاک کر دیئے
کتنے بستے گھر   خاک کر دیئے
میں نے تو کیا خود کو ہی خراب
میں نے پی شراب!

ریت اور رواج   سب تمہارے ساتھ
دھرم اور سماج   سب تمہارے ساتھ
اپنے ساتھ کیا؟   دھول اور دھواں
آج چاہے تم   نوچ لو زباں
آنے والا دور لے گا سب حساب
میں نے پی شراب
تم نے کیا پیا؟   آدمی کا خوں
میں ذلیل ہوں   تم کو کیا کہوں؟

بانٹ کے کھاؤ اس دنیا میں، بانٹ کے بوجھ اٹھاؤ
جس رستے میں سب کا سکھ ہو، وہ رستہ اپناؤ
اس تعلیم سے بڑھ کر جگ میں کوئی نہیں تعلیم
کہہ گئے فادر ابراہیم

کتے سے کیا بدلہ لینا، گر کتے نے کاٹا
تم نے گر کتے کو کاٹا، کیا تھوکا کیا چاٹا
تم انسان ہو یارو، اپنی کچھ تو کرو تعظیم
کہہ گئے فادر ابراہیم

جھوٹ کے سر پر تاج بھی ہو تو جھوٹ کا بھانڈا پھوڑو
سچ چاہے سولی چڑھوا دے، سچ کا ساتھ نہ چھوڑو
کل وہ سچ امرت ہوگا، جو آج ہے کڑوا نیم
کہہ گئے فادر ابراہیم

ساحر لدھیانوی — گاتا جائے بنجارہ

۱۳۸

بِنا سفارش ملے نوکری، بن رشوت ہو کام
اسی کو اَن ہونی کہتے ہیں، اسی کا کلجگ نام
وطن کا کیا ہوگا انجام
بچالے اے مولا اے رام!

رشوت پر چلتے تھے چکر چھوٹے ہوں یا موٹے
بند ہوئی یہ رسم تو دھندے ہو جائیں گے کھوٹے
گھر گھر میں ماتم ہوگا، دفتر دفتر کہرام
بچالے اے مولا اے رام!

یہی چلا اب ڈھنگ تو یارو، ہوں گے بُرے نتیجے
بھوکے مریں گے نیتاؤں کے بیٹے اور بھتیجے
جتنی عزت بنی تھی اب تک سب ہوگی نیلام
بچالے اے مولا اے رام!

۱۳۹

رشوت سے منہ بند تھے سب کے اب کھوٹیں گے بھانڈے
پتہ چلے گا کس کے کس سے ملے ہوئے تھے ڈانڈے
کون سا ٹھیکہ لے کر کس نے کتنا مال بنایا
کتنی اجرت دی لوگوں کو کتنا بل دکھلایا
کون سی فائل کس دفتر سے کیسے ہو گئی چوری
کس نے کتنی غدّاری کی، کتنی بھری تجوری
کس مل مالک کے پیسے نے کتنے ووٹ کمائے
کرسی ملی تو دلش بھگت نے کتنے نوٹ کمائے
رشوت ہی سے چھپے ہوئے تھے سب کالے کرتوت
ننگے ہو کر سامنے آئیں گے اب سبھی سپوت
دنیا بھر کے ملکوں میں ہوگا بھارت بدنام
بچا لے اے مولا! اے رام!

••

اپنے اندر ذرا جھانک میرے وطن
اپنے عیبوں کو مت ڈھانک میرے وطن

تیرا اتہاس ہے خون میں لتھڑا ہوا
تو ابھی تک ہے دنیا میں بچھڑا ہوا
تو نے اپنوں کو اپنا نہ مانا کبھی
تو نے انساں کو انسان نہ جانا کبھی
تیرے دھرموں نے ذاتوں کی تقسیم کی
تری رسموں نے نفرت کی تعلیم دی
وحشتوں کا چلن تجھ میں جاری رہا
قتل و خوں کا جنوں تجھ پہ طاری رہا

اپنے اندر ذرا جھانک میرے وطن!

ساحر لدھیانوی گاتا جائے بنجارہ

۱۴۱

تو دراوڑ ہے یا آریہ نسل ہے
جو بھی ہے اب اسی خاک کی فصل ہے
رنگ اور نسل کے دائرے سے نکل
گر چکا ہے بہت دیر اب تو سنبھل
تیرے دل سے جو نفرت نہ مٹ پائے گی
تیرے گھر میں غلامی پلٹ آئے گی
تیری بربادیوں کا تجھے واسطہ
ڈھونڈ اپنے لئے اب نیا راستہ
اپنے اندر ذرا جھانک میرے وطن
اپنے عیبوں کو مت ڈھانک میرے وطن!

..

۱۴۲

ملتی ہے زندگی میں محبت کبھی کبھی
ہوتی ہے دِلبروں کی عنایت کبھی کبھی

شرما کے منہ نہ پھیر نظر کے سوال پر
لاتی ہے ایسے موڑ پہ قسمت کبھی کبھی

کھلتے نہیں ہیں روز دریچے بہار کے
آتی ہے جانِ من! یہ قیامت کبھی کبھی

تنہا نہ کٹ سکیں گے جوانی کے راستے
پیش آئے گی کسی کی ضرورت کبھی کبھی

پھر کھو نہ جائیں ہم کہیں دنیا کی بھیڑ میں
ملتی ہے پاس آنے کی مہلت کبھی کبھی

گاتا جائے بنجارہ
ساحر لدھیانوی

۱۴۳

○

ہر طرح کے جذبات کا اعلان ہیں آنکھیں
شبنم کبھی شعلہ کبھی طوفان ہیں آنکھیں

آنکھوں سے بڑی کوئی ترازو نہیں ہوتی
تُلتا ہے بشر جس میں وہ میزان ہیں آنکھیں

آنکھیں ہی ملاتی ہیں زمانے میں دلوں کو
انجان ہیں ہم تم، اگر انجان ہیں آنکھیں

لب کچھ بھی کہیں اس سے حقیقت نہیں کھلتی
انسان کے سچ جھوٹ کی پہچان ہیں آنکھیں

آنکھیں نہ جھکیں تیری کسی غیر کے آگے
دنیا میں بڑی چیز مری جان! ہیں آنکھیں

••

گاتا جائے بنجارہ
ساحر لدھیانوی

۱۴۴

بابل کی دعائیں لیتی جا، جا تجھ کو سکھی سنسار ملے
میکے کی کبھی نہ یاد آئے، سسرال میں اتنا پیار ملے
نازوں سے تجھے پالا میں نے، کلیوں کی طرح پھولوں کی طرح
بچپن میں جھلایا ہے تجھکو، باہوں نے مری جھولوں کی طرح
مرے باغ کی اے نازک ڈالی، تجھے ہر پل نئی بہار ملے

جس گھر سے بندھے ہیں بھاگ ترے، اُس گھر پہ سدا ترا راج رہے
ہونٹوں پہ ہنسی کی دھوپ کھلے، ماتھے پہ خوشی کا تاج رہے
کبھی جس کی جوت نہ ہو پھیکی تجھے ایسا روپ سنگار ملے

بیتیں ترے جیون کی گھڑیاں آرام کی ٹھنڈی چھاؤں میں
کانٹا بھی نہ چبھنے پائے کبھی، مری لاڈلی ترے پاؤں میں
اُس دوار سے بھی دُکھ دور رہے، جس دوار سے تیرا دوار ملے
میکے کی کبھی نہ یاد آئے، سسرال میں اتنا پیار ملے

تم اپنا رنج و غم، اپنی پریشانی مجھے دے دو
تمہیں ان کی قسم، یہ دکھ یہ حیرانی مجھے دے دو

میں دیکھوں تو سہی، دنیا تمہیں کیسے ستاتی ہے
کوئی دن کے لئے اپنی نگہبانی مجھے دے دو

یہ مانا میں کسی قابل نہیں ہوں اِن نگاہوں میں
برا کیا ہے اگر اِس دل کی ویرانی مجھے دے دو

وہ دِل جو میں نے مانگا تھا مگر غیروں نے پایا تھا
بڑی شے ہے اگر اُس کی پشیمانی مجھے دے دو

گاتا جائے بنجارہ
ساحر لدھیانوی

۱۴۶

○

من رے، تو کاہے نہ دِھیر دھرے
وہ نِرموہی موہ نہ جانیں، جن کا موہ کرے
من رے، تُو کاہے نہ دھیر دھرے

اِس جیون کی چڑھتی ڈھلتی دھوپ کو کس نے باندھا
رنگ پہ کس نے پہرے ڈالے، رُوپ کو کس نے باندھا
کاہے یہ جتن کرے
من رے تو کاہے نہ دِھیر دھرے

اُتنا ہی اُپکار سمجھ، کوئی جتنا ساتھ نبھا دے
جنم مرن کا میل ہے سپنا، یہ سپنا بسرا دے
کوئی نہ سنگ مرے
من رے، تو کاہے نہ دِھیر دھرے

••

۱۴۷

پگھلی آگ سے ساغر بھر لے
کل مرنا ہے، آج ہی مر لے
اب نہ کبھی یہ رات ڈھلے گی اب نہ کبھی جاگے گا سویرا
سوچ ہے کس کی، فکر ہے کس کی، اس دنیا میں کون ہے تیرا
کوئی نہیں جو تیری خبر لے
پگھلی آگ سے ساغر بھر لے

قدرت اندھی، دنیا بہری
کالے پڑ گئے، خواب سنہری
توڑ بھی دے اُمید کا رشتہ، چھوڑ بھی دے جذبات سے لڑنا
آج نہیں تو کل سمجھے گا، مشکل ہے حالات سے لڑنا
جو حالات کرائیں، کر لے
پگھلی آگ سے ساغر بھر لے

۱۴۸

بند ہے نیکی کا دروازہ
آپ اٹھا لے اپنا جنازہ
کوئی نہیں جو بوجھ اُٹھائے اپنی زندہ لاشوں کا
ختم ہی کر دے آج فسانہ، اِن بیدرد تماشوں کا
جانِ تمنا، جان سے گذر لے
پگھلی آگ سے ساغر بھر لے

••

ساحر لدھیانوی گاتا جائے بنجارہ

۱۴۹

ہر وقت ترے حسن کا ہوتا ہے سماں اور
ہر وقت مجھے چاہیئے اندازِ بیاں اور

پھولوں سا کبھی نرم تو شعلوں سا کبھی گرم
مستانہ ادامیں کبھی شوخی ہے کبھی شرم
ہر صبح گماں اور ہے، ہر رات گماں اور
ہر وقت ترے حسن کا ہوتا ہے سماں اور

بھرنے نہیں پاتیں ترے جلووں سے نگاہیں
تھکنے نہیں پاتیں تجھے لپٹا کے یہ باہیں
چھو لینے سے ہوتا ہے ترا جسم جواں اور
ہر وقت ترے حسن کا ہوتا ہے سماں اور

۱۵۰

سنسار کی ہر شے کا اِتنا ہی فسانہ ہے
اک دُھند سے آنا ہے، اک دُھند میں جانا ہے

یہ راہ کہاں سے ہے، یہ راہ کہاں تک ہے
یہ راز کوئی راہی سمجھا ہے نہ جانا ہے

اِک پل کی پلک پر ہے ٹھہری ہوئی یہ دنیا
اک پل کے جھپکنے تک ہر کھیل سہانا ہے

کیا جانے کوئی کس پر کس موڑ پہ کیا بیتے
اس راہ میں اے راہی! ہر موڑ بہانا ہے

••

گاتا جائے بنجارہ ساحر لدھیانوی

۱۵۱

○

ملے جتنی شراب، میں تو پیتا ہوں
رکھے کون یہ حساب، میں تو پیتا ہوں
ایک انسان ہوں میں فرشتہ نہیں
جو فرشتے نہیں، اُن سے رشتہ نہیں
کہو اچھا یا خراب: میں تو پیتا ہوں
ملے جتنی شراب، میں تو پیتا ہوں
ہوش مجبور ہے تو ستم گھیر لیں
کتنے دکھ گھیر لیں، کتنے غم گھیر لیں
سہے کون یہ عذاب؟ میں تو پیتا ہوں
ملے جتنی شراب، میں تو پیتا ہوں
کوئی اپنا اگر ہو تو ٹوکے مجھے
میں غلط کر رہا ہوں تو روکے مجھے
کسے دینا ہے حساب، میں تو پیتا ہوں
ملے جتنی شراب، میں تو پیتا ہوں

••

گاتا جائے بنجارہ
ساحر لدھیانوی

۱۵۲

کیا ملئے ایسے لوگوں سے جن کی فطرت چھپی رہے
نقلی چہرہ سامنے آئے، اصلی صورت چھپی رہے

خود سے بھی جو خود کو چھپائیں، کیا اُن سے پہچان کریں
کیا اُن کے دامن سے لپٹیں، کیا اُن کا ارمان کریں
جن کی آدھی نیّت ابھرے، آدھی نیّت چھپی رہے
نقلی چہرہ سامنے آئے، اصلی صورت چھپی رہے

جن کے ظلم سے دُکھی ہے جنتا، ہر بستی ہر گاؤں میں
دیا دھرم کی بات کریں وہ بیٹھ کے سجی سبھاؤں میں
دان کا چرچا گھر گھر پہنچے، لُوٹ کی دولت چھپی رہے
نقلی چہرہ سامنے آئے، اصلی صورت چھپی رہے

دیکھیں اِن نقلی چہروں کی کب تک جے جے کار چلے
اُجلے کپڑوں کی تہ میں کب تک کالا سنسار چلے
کب تک لوگوں کی نظروں سے چھپی حقیقت چھپی رہے
نقلی چہرہ سامنے آئے، اصلی صورت چھپی رہے

گاتا جائے بنجارہ ساحر لدھیانوی

۱۵۳

جب کبھی جی چاہے نئی دنیا بسا لیتے ہیں لوگ
ایک چہرے پر کئی چہرے لگا لیتے ہیں لوگ
یاد رہتا ہے کسے گذرے زمانے کا چلن
سرد پڑ جاتی ہے چاہت، ہار جاتی ہے لگن
اب محبت بھی ہے کیا
اِک تجارت کے سوا
ہم ہی ناداں تھے جو اوڑھا بیتی یادوں کا کفن
ورنہ جینے کے لئے سب کچھ بھلا لیتے ہیں لوگ

جانے وہ کیا لوگ تھے جن کو وفا کا پاس تھا
دوسرے کے دل پہ کیا گذرے گی یہ احساس تھا
اب ہیں پتھر کے صنم
جن کو احساس نہ غم
وہ زمانہ اب کہاں جو اہلِ دل کو راس تھا
اب تو مطلب کے لئے نامِ وفا لیتے ہیں لوگ

••

ساحر لدھیانوی

۱۵۴

○

مرے دل میں آج کیا ہے، تُو کہے تو میں بتا دوں
تری زُلف پھر سنواروں، تری مانگ پھر سجا دوں

مجھے دیوتا بنا کر تری چاہتوں نے پُوجا
مرا پیار کہہ رہا ہے میں تجھے خدا بنا دوں

کوئی ڈھونڈنے بھی آئے تو ہمیں نہ ڈھونڈ پائے
مجھے تُو کہیں چھپا دے، تجھے میں کہیں چھپا دوں

میرے بازوؤں میں آ کر ترا درد چین پائے
ترے گیسوؤں میں چھپ کر میں جہاں کے غم بھلا دوں

••

اپنی دنیا پہ صدیوں سے چھائی ہوئی ظلم اور لوٹ کی سنگدل رات ہے
یہ نہ سمجھو کہ یہ آج کی بات ہے

جب سے دھرتی بنی، جب سے دنیا بسی، ہم یوں ہی زندگی کو ترستے رہے
موت کی آندھیاں گھر کے چھائی رہیں، آگ اور خوں کے بادل برستے رہے
تم بھی مجبور ہو، ہم بھی مجبور ہیں
کیا کریں یہ بزرگوں کی سوغات ہے

ہم اندھیری گپھاؤں سے نکلے مگر، روشنی اپنے سینوں سے پھوٹی نہیں
ہم نے جنگل تو شہروں میں بدلے مگر ہم سے جنگل کی تہذیب چھوٹی نہیں
اپنی بدنام انسانیت کی قسم
اپنی حیوانیت آج تک ساتھ ہے

ہم نے سقراطؔ کو زہر کی بھینٹ دی، اور عیسیٰؑ کو سولی کا تحفہ دیا
ہم نے گاندھیؔ کے سینے کو چھلنی کیا، کنیڈیؔ سا جواں خوں میں نہلا دیا
ہر مصیبت جو انسان پر آئی ہے
اس مصیبت میں انسان کا ہات ہے

ہیروشیماؔ کی جھلسی زمیں کی قسم، ناگاساکیؔ کی سُلگتی فضا کی قسم
جن پہ جنگل کا قانون بھی تھوک دے، ایٹمی دور کے وہ درندے ہیں ہم
اپنی بڑھتی ہوئی نسل خود پھونک دے
ایسی بدذات اپنی ہی اک ذات ہے

ہم تباہی کے رستے پہ اتنا بڑھے، اب تباہی کا رستہ ہی باقی نہیں
خونِ انساں جہاں ساغروں میں بٹے، اس سے آگے وہ محفل، وہ ساقی نہیں
اِس اندھیرے کی اتنی ہی اوقات تھی
اِس سے آگے اُجالوں کی بارات ہے

••

کعبے میں رہو یا کاشی میں، نسبت تو اسی کی ذات سے ہے
تم رام کہو کہ رحیم کہو، مطلب تو اسی کی بات سے ہے

یہ مسجد ہے، وہ بُت خانہ، چاہے یہ مانو، چاہے وہ مانو
مقصد تو ہے دل کو سمجھانا، چاہے یہ مانو، چاہے وہ مانو

یہ شیخ و برہمن کے جھگڑے، سب ناسمجھی کی باتیں ہیں
ہم نے تو ہے بس اتنا جانا، چاہے یہ مانو، چاہے وہ مانو

گر جذبِ محبت صادق ہو، ہر در سے مُرادیں ملتی ہیں
ہر گھر ہے اُسی کا کاشانہ، چاہے یہ مانو، چاہے وہ مانو

گاتا جائے بنجارہ		ساحر لدھیانوی

۱۵۸

بچّے من کے سچے، سارے جگ کی آنکھ کے تارے
یہ وہ ننھے پھول ہیں جو بھگوان کو لگتے پیارے

خود روٹھیں خود من جائیں، پھر ہم جولی بن جائیں
جھگڑا جس کے ساتھ کریں، اگلے ہی پل پھر بات کریں
ان کو کسی سے بیر نہیں، ان کے لئے کوئی غیر نہیں
اِن کا بھولا پن ملتا ہے سب کو بانہہ پسارے

انسان جب تک بچّہ ہے		تب تک سمجھو سچّا ہے
جوں جوں اس کی عمر بڑھے		من پر جھوٹ کا مَیل چڑھے
کرودھ بڑھے، نفرت گھیرے		لالچ کی عادت گھیرے
بچپن اِن پاپوں سے ہٹ کر اپنی عمر گزارے

تن کومل، من سندر ہیں		بچّے بڑوں سے بہتر ہیں
ان میں چھوت اور چھات نہیں		جھوٹی ذات اور پات نہیں
بھاشا کی تکرار نہیں		مذہب کی دیوار نہیں
ان کی نظروں میں اِک ہیں، مندر، مسجد، گردوارے

••

۱۵۹

○

ہم ترقی کے رستے پہ میلوں چلے ___ اس ترنگے تلے
اور آگے بڑھیں گے ابھی منچلے ___ اس ترنگے تلے
وہ ہمیں تھے جو اپنے وطن کے لئے سامراجی لٹیروں سے ٹکرا گئے
لب پہ آزاد بھارت کا نعرہ لئے، چڑھ کے پھانسی کے تختوں پہ لہرا گئے
اپنا حق اپنے دشمن سے لے کر ٹلے
اس ترنگے تلے
دین اور دھرم کے فرق کو بھول کر اک نئے ہند کی ہم نے تعمیر کی
جس میں سب کو برابر سہولت ملے، ایسی دنیا بنانے کی تدبیر کی
علم و تہذیب کے خواب پھولے پھلے
اس ترنگے تلے
جب بھی سرحد پہ خونخوار لشکر بڑھے، ملک کی سالمیت کو للکارنے
ایک ہو کر سبھی بھارتی چل پڑے، اپنی دھرتی پہ جسم اور جاں وارنے
طے ہوئے کیسے کیسے کٹھن مرحلے
اس ترنگے تلے

ہم نے جاگیرداری کو رخصت کیا، اب یہ سرمایہ داری بھی مٹ جائیگی
چند ہاتھوں میں دولت نہ رہ پائے گی، بھوک بے روزگاری بھی مٹ جائیگی

جاگ اٹھے ہیں دلوں میں نئے ولولے
اس ترنگے تلے

اپنی منصوبہ بندی سلامت رہے، چور بازار والوں سے نپٹیں گے ہم
آج سنکٹ میں ہے دیش تو کیا ہوا، دیش کے سب سوالوں سے نپٹیں گے ہم

ایسے سنکٹ کئی بار آکر ٹلے
اس ترنگے تلے

امن و انسانیت اپنا آدرش ہے، اپنے آدرش سے منہ نہ موڑیں گے ہم
سر سے کیسا بھی طوفان گذرے مگر جنگ بازوں سے رشتہ نہ جوڑیں گے ہم

ہم یہ دیکھیں گے نہرو کی جیوتی جلے
اس ترنگے تلے

باپ کا خواب، بیٹی کے ہاتھوں پھلے
اس ترنگے تلے

••

ایشور، اللہ، تیرے نام
سب کو سنمتی دے بھگوان

اس دھرتی پر بسنے والے
سب ہیں تیری گود کے پالے
کوئی نیچ نہ کوئی مہان
سب کو سنمتی دے بھگوان

ذاتوں، نسلوں کے بٹوارے
جھوٹ کہائیں تیرے دوارے
تیرے لئے سب ایک سمان
سب کو سنمتی دے بھگوان

جنم کا کوئی مول نہیں ہے
جنم نش کا تول نہیں ہے
کرم سے ہے سب کی پہچان
سب کو سنمتی دے بھگوان

(کورس):

ہم مزدور کے ساتھ ہیں، ہم کسان کے ساتھ ہیں
وہ جو ہمارے ساتھ نہیں ہیں، بولو کس کے ساتھ ہیں؟

(ایک آواز) وہ دھنوان کے ساتھ ہیں

ہم کہتے ہیں دیش کے دھن پر جنتا کا ادھیکار بنے
جس میں اونچ اور نیچ نہ ہو، ایسا سندر سنسار بنے
ہم نو یگ کی، نئی نسل کے، نئے گیان کے ساتھ ہیں
وہ جو ہمارے ساتھ نہیں ہیں بولو کس کے ساتھ ہیں؟

(ایک آواز) وہ اگیان کے ساتھ ہیں

ہم کہتے ہیں، بھارت کا اتہاس لہو میں غرق نہ ہو
ذاتوں، دھرموں اور نسلوں کا اِس دھرتی پہ فرق نہ ہو
ہم ہر اِک بھارت واسی کے دھرم ایمان کے ساتھ ہیں
وہ جو ہمارے ساتھ نہیں ہیں، بولو کس کے ساتھ ہیں؟

(ایک آواز) بے ایمان کے ساتھ ہیں

گاتا جائے بنجارہ

۱۶۳

ہم کہتے ہیں توڑ کے رکھ دو زور اجارہ داری کا
کب تک جنتا بوجھ سہے گی غربت اور بے کاری کا

ہم محنت کرنے والے بھوکے انسان کے ساتھ ہیں
وہ جو ہمارے ساتھ نہیں ہیں بولو کس کے ساتھ ہیں

(ایک آواز) وہ یکوان کے ساتھ ہیں

ہم کہتے ہیں فصل کھلے اب جنتا کے ارمانوں کی
ملوں پہ مزدوروں کا حق ہو کھیتی ہو دہقانوں کی

ہم اک بنتے اور سنورتے ہندستان کے ساتھ ہیں
وہ جو ہمارے ساتھ نہیں ہیں بولو کس کے ساتھ ہیں

(ایک آواز) وہ شمشان کے ساتھ ہیں

۱۶۴

دھرتی ماں کا مان، ہمارا پیارا لال نشان
نو یگ کی مسکان، ہمارا پیارا لال نشان

پونجی واد سے دب نہ سکے گا، یہ مزدور کسان کا جھنڈا
محنت کا حق لے کے رہے گا، محنت کش انسان کا جھنڈا
یودھا اور بلوان، ہمارا پیارا لال نشان
اِس جھنڈے سے سانس اکھڑتی چور منافع خوروں کی
جنہوں نے انسانوں کی حالت کردی ڈنگر ڈھوروں کی
ان کے خلاف اعلان، ہمارا پیارا لال نشان

فیکٹریوں کے دھول دھوئیں میں ہم نے خود کو پالا
خون پلا کر لوہے کو اِس دیش کا بھار سنبھالا
محنت کے اِس پوجا گھر پر پڑ نہ سکے گا تالا
دیش کے سادھن، دیش کا دھن ہیں جان لے پونجی والا

جیتے گا میدان، ہمارا پیارا لال نشان
دھرتی ماں کا مان، ہمارا پیارا لال نشان
••

۱۶۶

○

پونچھ کر اشک اپنی آنکھوں سے، مسکراؤ تو کوئی بات بنے
سر جھکانے سے کچھ نہیں ہوگا، سر اٹھاؤ تو کوئی بات بنے

زندگی بھیک میں نہیں ملتی، زندگی بڑھ کے چھینی جاتی ہے
اپنا حق سنگدل زمانے سے چھین پاؤ تو کوئی بات بنے

رنگ اور نسل، ذات اور مذہب، جو بھی ہوں آدمی سے کم تر ہیں
اِس حقیقت کو تم بھی میری طرح مان جاؤ تو کوئی بات بنے

نفرتوں کے جہاں میں ہم کو پیار کی بستیاں بسانی ہیں
دُور رہنا کوئی کمال نہیں، پاس آؤ تو کوئی بات بنے

••

گنگا تیرا پانی امرت، جھر جھر بہتا جائے
یُگ یُگ سے اس دیش کی دھرتی تجھ سے جیون پائے

دُور ہمالہ سے تُو آئی گیت سہانے گاتی
پربت پربت، جنگل جنگل سکھ سندیش سناتی
تیری چاند جیسی دھارا میلوں تک لہرائے

کتنے سورج ابھرے ڈوبے گنگا تیرے دوارے
یُگوں یُگوں کی کتھائیں تیرے بہتے دھارے
تجھ کو چھوڑ کے بھارت کا اتہاس لکھا نہ جائے

اس دھرتی کا دکھ سکھ تو نے اپنے بیچ سمویا
جب جب دیش غلام ہوا ہے تیرا پانی رویا
جب جب ہم آزاد ہوئے ہیں تیرے تٹ مسکائے
گنگا تیرا پانی امرت، جھر جھر بہتا جائے

منتخب موضوعات پر مختلف فلمی نغمے

گیت گاتا چل۔۔۔

مرتبہ : مکرم نیاز

بین الاقوامی ایڈیشن جلد منظر عام پر آرہا ہے